辽河口老物件

盘锦市国有收藏单位之馆藏文物

杨洪琦/著

辽宁人民出版社

图书在版编目（CIP）数据

　辽河口老物件：盘锦市国有收藏单位之馆藏文物 /
杨洪琦著 . — 沈阳：辽宁人民出版社，2020.12
　ISBN 978-7-205-10045-2

　Ⅰ . ①辽…　Ⅱ . ①杨…　Ⅲ . ①生活用具－收藏－盘锦
Ⅳ . ①G262.7

　中国版本图书馆 CIP 数据核字（2020）第 245062 号

出版发行：辽宁人民出版社
　　　　　地址：沈阳市和平区十一纬路 25 号　　邮编：110003
　　　　　电话：024-23284321（邮　购）　024-23284324（发行部）
　　　　　传真：024-23284191（发行部）　024-23284304（办公室）
　　　　　http://www.lnpph.com.cn
印　　刷：辽宁新华印务有限公司
幅面尺寸：170mm×240mm
印　　张：11.75
字　　数：180 千字
出版时间：2020 年 12 月第 1 版
印刷时间：2020 年 12 月第 1 次印刷
责任编辑：祁雪芬
装帧设计：杨　欢
篆　　刻：张佳军
责任校对：吴艳杰
书　　号：ISBN 978-7-205-10045-2

定　　价：59.00 元

自序

被时代淘汰的很多器物，仍鲜活在人们的记忆里。

时光越是流逝，它就越显活泼。

人们对老旧器物的评价通常是"有用"与"没用"，衡量的方法也很简单，就是看日常还能不能用到，用不到的就属"没用"那伙儿的，都当扔。近年还专门有人鼓励人们这么干，冠之以"断舍离"的生活方式加以倡导，很多人也当真这么干了。

我却觉得对"有用""没用"的衡量，还当加入感情的因素，倘若一件器物承载了太多过往，不扔不舍也真没啥。很多时候一件老物已不只是一件东西，而成了我们某段生活的见证者，某段时光的陪伴者，看见它，就能想起那种情绪，或者想起那个人。

老物总与往事相连，往事总与故人相系。

老物是我们念旧最通常的媒介，也是我们怀旧最具象的载体。

如果说总有故人令人难忘，那么也总有老物让人难舍。

怀旧有两大功能：一个是修复，一个是反思。前者能抚慰心灵，后者能安顿当下以及将来。如果说这两项对人的活着都是必须的，那么老物也就有了它的留存价值。

书中我以文字加图片的形式，再现了一些老物件，件件都是地处辽河口的盘锦地区的生产或生活用具，或耕或渔或居家，借此追溯我们曾历的时光，重构我们曾经的生活，重温现代工业文明到来之前的那种悠然而舒缓的日常节奏。所配图片部分来自牛力强、夏建国、林松等著名摄影人的库存，另有一部分是我与张海斌在各种场合下的抓拍，虽并谈不上技术，却幸而以影像记录下来了。各篇也没弄啥煽情的副标题，觉得仅仅是这些老物件的俗称本身，就已足够温柔温暖的了。

本书的最终问世，实在也经历了一个漫长的过程。

事情的机缘始于 2004 年。

那一年为摸清明代辽东边墙在盘锦境内的具体走向，我与市文管办的同仁们常常下乡调研，在各村屯发现了很多老旧器物，回头将情况及时向时任盘锦市文化局局长的王永恒同志，时任盘锦市委常委、宣传部长的许加同志分头做了汇报，这引起了两位领导的重视，进而向市财政争取了一笔资金，专项在全市范围内征集老旧器物。此举是盘锦自 1984 年建市以来的第一次，受到了群众的热烈响应，征集到的老物件无论品相，还是数量，都远远超出了预期。

2005 年，在许加、王永恒等领导的主持下，在文管办全体同仁的努力下，于市文化局大院举办"盘锦民俗展"，使这些老旧器物集中面向了大众。其间有很多家长领着孩子来认、来识，更有很多老人借此频频重温乡愁，取得的社会反响也同样超出了预期。

这一文化事件引起了时任《盘锦日报·大周末》执行主编夏华同志的关注，很快约我撰写一些老物件的文章，并在"大周末"开设了名为"盘锦民俗系列展"的专栏。这使我开始了对相关文章的创作，从 2005 年 10 月 31 日起，以每周一篇的频率，连续刊发了一年有余。这些文章无意中打开了很多人的记忆闸门，也让我再次感受到了人们对往事与旧物的深深留恋。

2006 年 6 月 6 日，由兴隆台区委、区政府创建的辽河美术馆正式开馆。同年 10 月，在时任兴隆台区委书记姜冰同志的支持下，"盘锦民俗展"得以在这个东北三省规模最大的美术馆里隆重再现，从而使这些不起眼的老旧器物登上了"大雅之堂"，并备受瞩目。

其间时任《辽宁日报》编委的丁宗皓同志、时任《今日辽宁》杂志社总编辑的田间同志，均先后观展，偶见"盘锦民俗系列展"专栏的文章，颇感兴趣，回头便也向我约稿。相关文章由此在《辽宁日报》相继刊发了十几篇之多，在《今日辽宁》则从 2007 年 1 月一直延续至 2019 年末。十几年里田间总荣休，杨利景总编继任又转岗，现任总编为解丹梅女士。或许是一件件质朴的老物件引起了大家的共鸣，三位总编均对这些小稿给予了厚爱，这也成了我坚持创作的动力之源。

十几年里，我所属的盘锦市文化局也已历王永恒、高佩亮、郭康生、赵书哲四任局长，直至今称盘锦市文化旅游和广播电视局的付艳华局长。五任局长每一位都对我的这项工作给予了极大支持，这对我而言是弥足珍贵的。

至 2017 年，时任盘锦市政府副市长的姜冰同志动议集中创作几部反映盘锦地域文化的书籍，几经审慎评议，《辽河口老物件》入选为三部之一。姜冰同志虽为理工科出身，却拥有深厚的文化情怀，且一直以来都在密切关注盘锦地域文化的发掘与弘扬，并在全省范围内率先成功提炼出了盘锦地域文化符号之"辽河口文化"，进而成立了"辽河口文化研究会"，多年来对这座年轻的湿地之城的文化发展发挥了积极的推动作用，对我本人的工作也是给予了始终的督励，并以极大的信任举荐我担任了辽河口文化研究会的会长。

从2018年起，我系统地对过往文字进行了细致梳理，甚至得说是郑重重写，历时年余。过程中受到了时任盘锦市委常委、宣传部长冯英同志，现任盘锦市委宣传部副部长夏华同志，以及时任盘锦市党建中心副主任苏洋同志等多方人士的热情帮助，从而使呈现给大家的文字更加凝练，也更有温度。

在本书的出版过程中，依然得到了盘锦市文化旅游和广播电视局局长付艳华、副局长陈建军等同志的热情支持。时任盘锦市委常委、常务副市长王庆良同志更是给予了大力扶助。实际上在业已过去的二十多年中，王庆良同志无论工作在哪个岗位，都一直在关注并支持着盘锦文化事业的进展，不仅从未间断，而且时常雪中送炭。对我本人也是始终支持、鼓励，去年还特别告诉我要注意培养新人，以便为盘锦地域文化的发展提供必要的后续力量。这话让我深以为然，自此便着意将有志于此的青年比如侯玉微、王红、吕靖、张佳军、罗佳等陆续纳入辽河口文化研究会，使他们在弘扬盘锦地域文化领域逐渐发挥了各自所长。

盘锦地域文化今日的繁荣局面，实在得益于心系文化的诸位领导，以及众多热爱文化并甘愿为其付出辛劳的广大群众。相信这座辽河口湿地之城的文化地图将更加明晰丰满。

在此真挚地感谢所有人！

同时也谢谢你读。

如果可以，也请你怀旧。

如果不能，请再等几年。

几年之后，你总会发现心头牵念的。

杨洪琦

2020年4月16日

目录

上篇·炕上炕下

不确定那块棒槌石和那对棒槌还在不在他家
能确定的是他肯定也和我一样
还依稀记得那捶被里的声音
或者说乐音

01　悠车子

　　我没睡过悠车子，我还有点以此为憾。

　　我姥姥则说，那都是大人没工夫带的孩子才睡的，你是他老杨家的头一个，还是个带把儿的，家里家外都倒着怀地抱着，你哪有工夫睡那玩意？

　　那时我已七八岁了，也已见过了悠车子。

　　那两年，不知父母在忙些什么，导致我常常被送回老家。老家在盘山县北部的一个村子，时称渤海公社前么大队，我大爷和二大爷都住在那里。他们的家属，我称大妈和二大妈。我每次都是被寄存在大妈家，这可能跟她家的生活条件相对好些有关。不过我常到二大妈家去玩，二大妈家孩子多，且有跟我年龄仿佛的，耍得起来。

　　二大妈家就有悠车子，第一次进门时我就注意到了。

　　悠车子拴在炕梢，被四根绳子挂在檩子上，是从南窗数起的第三根檩子，它就恰好被悬在了炕沿那儿，炕上一大半，炕下一小半。它是椭圆形的。

　　当时二大妈正和几个邻居婶子坐在炕上做棉活儿，边忙活边打唠。一个很小的女孩子，在棉花堆儿里爬来爬去。不一会儿，可能二大妈嫌那孩子太闹腾了，就把她抱进了悠车子，还顺手推了一把，那悠车子就忽忽悠悠地顺势摇摆开了。

　　我觉着好奇，就拐腿坐在了炕沿上，瞅着它摇摆。

　　它涂着紫红色的大漆，外面画着几朵绽放的菊花，白色的。通体的颜色并不鲜艳了，哪儿哪儿都是乌秃秃的，像用了多年的样子。里头铺着格纹的小棉被，还有一个紫花小枕头，枕头上的那个小女孩扎撒着两只小手，睁着一对圆溜溜的大眼睛四处瞅摸，嘴角好像还挂着点儿笑，被摇晃得很自在的样子。后来我知道，她是我老妹儿，也就是二大妈最小的闺女。

　　悠车子的摇摆渐渐缓了下来。

　　我想看它继续摆着，就也伸手推了一下，并没敢用劲，它却一下子就

悠车子，现藏于盘锦市文物中心

晃荡开了，里头的老妹儿也随之发出呜呜呃呃的声音。二大妈见了，招手说你来，上炕来。我脱鞋上了炕。二大妈做了个示范，说你看，你这么南北下地顺着推，别东西推，东西推就打横了。

只此一次，我就学会了。

此后，我就常常来推悠车子。

遇上没有婶子们和二大妈搭伴的时候，二大妈就拿我当了听众，絮絮叨叨地跟我讲些大妈的不是，就跟大妈讲她似的。其实我的心思全在悠车子和车子里的老妹儿身上，并听不全乎，听进去的我也大多不能领会，也就从没回应过。好处是二大妈或许也没指望我能给出啥样的理想回应，她像是只为一吐为快，这也跟大妈似的。

从大妈和二大妈身上，我知道了一种崭新的人际关系叫"妯娌"，也同时对这种关系的微妙有了最初的体会。

不久，大妈家的炕梢也拴起了一只悠车子，里面躺着我的大侄女。

常跟大妈搭伴做活儿的是住在西院的我二奶，还有大妈的娘家人。不过大妈的娘家在村北，一出二三里地，也就走动得并不频繁。大妈家由此较为肃静，我也能更安生地推悠车子。于是当我再被送来老家的时候，去

悠车子，现藏于荣兴博物馆

二大妈家的次数就相对少了。

　　却也还是要去的，去找三哥玩。三哥只比我大一岁，很玩得来，不好处是他常常欺负我，还比我高许多，使我完全不是对手。有一回我被欺负狠了，哭着跑回了大妈家。大妈就不让了，下炕扯着我奔到后院，找二大妈理论开了。她们两个一吵，三哥就拽着我跑开了，以致战果如何未能得知。

　　不过我的倾向性却从此有了，毕竟大妈为我出了头，况且我还吃住在她家。此后再碰上二大妈跟我叨咕大妈的这儿不好那儿不对，我就开始认真听了，尽管仍不能全面领会，却也要一边推着悠车子，一边在心底里为大妈悄悄辩白了。

　　后来我发现，那两年的经历实在给我留下了一个类似"后遗症"的心理症状，使我始终觉得亲戚一定不能住得太近了，近了，是非就多了。

　　大妈和二大妈虽然不睦，对待小孩儿的方式倒极为相似，表现是每当她们想要做活儿、做饭或喂猪的时候，都会把孩子放进悠车子，再顺手那么一推。推这么一下，无论是我老妹儿，还是我大侄女，都能很快在那只缓缓摇摆的悠车子里睡着，即使睡不着，也能安静上好一阵儿，使大妈和二大妈能专心地投入到活计中去，至少十几分钟。与此同时，我也能在续推悠车子的时候，再顺便捏捏那小孩儿的小手小脚，肉肉的，软软的，很好玩。

　　那时候我弟弟四五岁，我妹妹一两岁，他们哪个都不是"老杨家的头一个"，我却也从没见过他俩睡悠车子。我就觉得姥姥给出的理由并不怎么站得住脚。姥姥却不肯承认，她一边归拢着被我胡乱扔满地的玩具，一边说：他俩哪个都没你这么不省心，不用睡那玩意！

　　悠车子学名"摇篮"，很诗意，我却一直觉得也因此少了点儿地气，跟它在现实应用中的环境颇为不搭。"悠车子"则是妥当的，天生自带一种自在，还有温度。

02　泥火盆

我家没用过火盆，我姥姥家用过。

我姥姥家住在二界沟。二界沟没炉子，家家户户冬季里都用火盆取暖。火盆的形制很雷同，都是敛口、鼓腹、平底，造型挺好看的，胖乎乎的肚子也能使它的散热量大增。也都是泥质的，自个儿做的。我见过做这活儿。

把一种我叫不上名来的干野草，拿铡刀一段段斩碎了，搅拌在泥里，再把泥搓成长条，一圈圈往起盘，盘成盆状。盘妥了，拿到阴凉处晾干。晾干后在盆里烧炭烘烤，盆壁就瓷实了。做这么一只通常能用上几年，即使偶有裂纹了也能补一补，实在不行了才会扔掉重做。这种火盆虽不及铜、铁质的金贵，却导热快，保温时间长，不烫炕席不烫手，所以寻常人家都爱用。从白居易那句"绿蚁新醅酒，红泥小火炉"来猜测，诗人当年围着的应该也是一只泥火盆。

早年二界沟都是土坯房，还多是典型的网铺形制，即前有门洞，后有正房，东西有厢房，由此圈出一个挺宽绰的院子，院子里就能晾晒海货。当这些房子没啥章法地陆续建起，就交错出了很多胡同，狭而又长的，我以一个四五岁的小小个头在这些胡同里往来穿梭，不知害怕，反觉有趣。

冬天里的二界沟没了往返码头的人群，没了鲜虾活鱼的吆喝，密密麻麻的渔船也都上了坞，像一只只冬眠的动物静静地卧在岸畔。那些年的冬雪还特别大，而且频，宽宽窄窄的胡同里便时常积着深雪，足有一米多厚，相当实成，即使我可劲蹦跶也难以把那雪壳子踩塌。天地间嘎巴嘎巴冷，二界沟的景象也就萧索了。

好在家家的屋里都是热乎的。

这就多亏了泥火盆，每一家的泥火盆都是一天天连轴转地烧着。每一个从外头回到家里的人，也都会迅速甩去挂满了白霜的帽子和围巾，再抹巴抹巴眉毛和眼睫毛上的霜花，直奔炕上的泥火盆。那句"北方人进屋，

泥火盆，现藏于盘锦市文物中心

有妈扑妈，没妈扑媳妇，没媳妇扑火盆"的老话，其实说得并不够确切，因为有妈有媳妇的人往往也是先奔火盆的，事情的妙处在于妈妈或媳妇通常也正围坐在火盆旁边，或者织着渔网，或者纳着鞋底。

　　姥姥不让我把手伸到火盆上方去烤火，而是让我把两手拢在火盆壁上捂着，我发现这种方法确实挺好的，既暖了手，又不至于被烫着。我直奔火盆的由头在暖手之外，也还奔着姥姥的"埋伏"。姥姥总会估摸出我在外头疯跑回来的大致时间，并掐着点地在火盆的炭灰里埋伏好土豆、地瓜，以至于我每每回了，它们也恰恰熟了。我拿火钳子把它们从炭灰里一个个扒拉出来，小心去皮，再掰开，随着一股热气飘散开去，就见了起沙的薯瓤，咬进嘴里，连牙齿都觉得烫，身上也瞬间热乎了。

　　也有不打埋伏的时候，那意味着火盆上已铺了一张铁箅子，带壳的花生、分开来的紫皮蒜、秋天晒的小干鱼等则正在箅子上打着滚儿，还随滚随腾出一股股糊香。这糊香能飘到南窗上，还能把窗玻璃上的霜花给融了，缓缓地，持续地。等它们融得差不多了，我的手脚也差不多暖透了，便剥壳开吃。姥姥家的泥火盆，实在相当于我的"聚宝盆"。

点上洋油灯的时候，姥姥已把晚饭搬上了炕桌。这时就会把火盆撤下去，将陈灰倒进灰坑，再在刚熄的灶坑里挖出些新炭灰装填进来，压实了，再端回炕上。树枝子的木炭灰是最好用的，苇草之类的不大好，过不了多久就会冷却了。那时候冬天都吃两顿饭，以致做饭烧下来的炭灰往往并不够用，姥姥便也会特意烧点儿劈柴啥的，专为填火盆。再端回来的火盆，还冒着缕缕的轻烟，却并不呛眼，反倒飘着一种暖香，轻浅浅，慢悠悠。

一个冬季，差不多都是这么个过法。

作为一种取暖之器，火盆有点儿类似今天的暖手宝，却又有着本质的不同。

火盆的热气虽是发散性的，却带着强烈的聚拢功能，能使家人自然而然地往一起凑，哪怕已经同处一室了；暖手宝、暖脚宝之类的热源则并非如此，它们无一不带着分散的属性，能使人各奔东西，以便接近墙壁上的电源，然后，各暖各的手和脚。

时下的家里，可还有什么器物能把我们更进一步地聚到一起？

更关键的是，我们可还有聚得紧密些再紧密些的愿望？

03　烟笸箩

我姥姥抽了一辈子烟，用大烟袋。烟袋竿足有二尺长，烟袋锅是黄铜的，烟袋嘴是玉的或翠的。姥姥说烟袋嘴这玩意儿很凉。我好奇地含到嘴里，果然。每次抽烟，姥姥都得把一条胳膊伸出老长，才能将烟叶装进烟袋锅。见她弄着吃力，我就主动帮忙，她却对此并不怎么情愿，总会试图阻拦，拦不住，才那么着了。

烟袋锅小小的，实在装不下许多烟叶，我就使劲往里摁，尽可能地多装，装满了，再划根洋火帮她点着。姥姥吧嗒着嘴，使劲抽两口，往往就会从后脑的疙瘩鬏上拔下一根银簪子，往烟袋锅里戳几下，边戳边说你装得太紧了，要火。我想"要火"是不大通气的意思。

那些年，我就这么被忍耐着给姥姥装了无数回烟叶。

烟叶都装在烟笸箩里。烟笸箩长年撂在炕上，用破一个补一个，每个都是姥姥自己糊制的。

那要找一只大小适宜的搪瓷盆做模具，最好是平底、鼓腹又敞口的那种，口沿还得略微内敛。在盆的外壁糊上几层牛皮纸，再把废报纸、旧作业本啥的洇水凿烂，捣成纸浆，将纸浆往牛皮纸上堆，还要在口沿处堆出一圈卷沿来，以方便日后的拿取。堆得足够厚实了，再糊上几层牛皮纸。然后就等着风干。风干了之后，稍加助力，就脱模了。

工程却并未结束。还要把往日积攒的烟盒找出来，它们都已被拆开了，叠压得整整齐齐。拿烟盒把内外两壁都细致地糊上一层，糊制过程中还要尽可能保证花样和颜色的齐全与和谐。不过我记忆中最好看的一层"包装"不是用烟盒糊的，而是拿糊棚的花纸糊的，水粉色的基调。糊妥后再刷上一层亮油，更美观也更耐用的烟笸箩就完成了，都能敲出响来。

后来我妈妈也糊过烟笸箩，我也曾帮过忙。

相对于姥姥的，妈妈的烟笸箩更见小巧，我想这一方面是为了满足妈

烟笸箩，现藏于盘锦市文物中心

妈对精致的追求，另一方面也是为了便于隐藏。起初我是不知道妈妈抽烟的，直到父亲被下放到田庄台，妈妈随之被调到田庄台医院工作，我家也就搬了过去。

妈妈的新同事王姨是抽烟的，新邻居老李大娘也是抽烟的。有时候我到医院去，会撞见妈妈和王姨正躲在走廊里抽烟。有时候随妈妈去老李大娘家，老李大娘也会紧着拽过炕上的烟笸箩，招呼妈妈来卷，我见妈妈果然跟着卷起来了，手法还挺标致，就连抽起来的姿态也颇娴熟。我便确定妈妈此前也是抽烟的，只不过始终背着人罢了。实际上在田庄台的那几年，妈妈抽烟抽得最频，也抽得越来越自如，以致连烟笸箩有时候都懒得藏了。

姥姥的烟笸箩装的是一种名叫"蛤蟆赖"的烟叶，以辛辣著称。妈妈的烟笸箩装的是一种名为"亚布力"的烟丝，黑龙江产的，当年不大好买，因老李大娘在市场上有熟人，才得以成功定购。买来的是烟叶，先喷点儿酒上去洇着，再拿到医院，医院有一种专切中草药的刀，拿这刀将烟叶切成细丝，再装进烟笸箩。剩下的那些就装进布口袋，放到仓房的高板上。"高板"就是现在说的"隔板"，隔板之上阴凉通风，不会把烟丝给捂了。

妈妈用的卷烟纸是营口制烟厂的朋友给的，白白细细的纸条，却嫌窄了，总需将两张拼起来才卷得一支烟。老李大娘的卷烟纸是用大张的白纸自己裁的，王姨的多是用孩子们的旧作业本裁的，上面往往还带着铅笔道，以及红色的对号或错号。

姥姥抽烟时，时常会拿大拇指去摁压一下烟袋锅，压过之后，飘出来的烟就明显见小了。而那时烟袋锅里的烟叶通常燃得正红，她也不怕烫，这令我诧异。

出门时姥姥会从烟笸箩里取出些烟叶，塞进一只烟口袋，随身带着。烟口袋也是姥姥自己缝的，用青布，正面还绣着彩色的花朵。我没见妈妈用过这个。妈妈当年是药剂师，常值夜班，药局的抽屉里便也被她藏起一只更小巧的烟笸箩，得空的时候抽一支，歇歇乏。

姥姥抽了一辈子烟，活到90多岁。妈妈在四十几岁上却得了肺结核，医生严令她戒烟，她也当真戒了。其实此前她就戒过几次了，都没成功。戒烟之后的妈妈对烟味都不能忍受了，空了的烟笸箩却仍散发着烟草的余味，便被妈妈远远地扔了。姥姥的那只烟笸箩，在我们给姥姥烧"头七"的时候烧掉了，那只古旧的大烟袋则伴她归了尘土。姥姥是土葬的。

国人普遍认为东北人吸烟较凶，事实好像也是如此。我虽不以为荣，却也没觉有啥难为情的，我想"一方水土一方人"这句老话里，定然含蕴着事情之所以如此的道理，只是我们还未参透罢了。不过相对现在的烟卷，我更怀念当年的烟笸箩，以及装烟或卷烟的那套动作。

04 拨棱槌

那一年是 1968 年。

也或许是 1969 年。

那一年我父亲作为"五七大军"的一员，下放到了如今的大洼区清水镇锦红村。当年锦红村还不是村子，只是一个"青年点"，叫"十一营"，住着一批来自沈阳的"知青"，由三家子大队的"贫宣队"和"五七大军"管理。

这里也就没有学校。

离此最近的学校在三家子大队，我便与另外 4 户"五七大军"家的孩子一起，被安排到那儿就读，早出晚归，中午带饭。带的饭都是母亲给装进饭盒的，多是一饭一菜，饭是大米饭。吃饭的时候偶尔会被村里的同学看见，我便在他们的眼里发现了很多羡慕。其实他们的父兄就是种稻子的，他们却吃不着大米，而只能吃返销粮，多是高粱米。

从小我就比较"手松"，这是我大妈说我的原话。表现是我常常会带些饼干和糖块去上学，到校后分给同学们吃，看他们吃得高兴，我就比自己吃了还要高兴，同学们也因此对我很友好。其中的一个叫张学宏，显然和我更加投缘，没过几天就把我拉去他家吃午饭了。

他家惯常的午饭也是高粱米饭，而且是用泥盆装着，不是用搪瓷盆，盛饭的勺子也是一把古旧的木勺。偶尔也能赶上一顿稗子米饭，这对张学宏而言似乎算是改善了，尽管我觉得这跟高粱米饭的口感差不多。菜都是炖菜，园子里下来啥了，锅里就炖着啥，多是应时的茄子辣椒，印象中炖大倭瓜最好吃，相当面乎。通常还有大葱蘸大酱。张家孩子多，大伙儿都抢着吃，我也抢。我家很少有这么热闹的吃饭氛围，我就每顿都吃得很开心。

并不曾觉得张学宏的家人反感我去抢食，我觉得他们还挺喜欢我的。我每次去都会把那盒大米饭带去，带给张学宏的弟妹吃。张学宏的父母也

拨棱槌，现藏于盘锦市文物中心

会问我些家里的情况。在他们眼里，我父母是犯了错误的干部，是到十一营接受改造的，所以对我家的生活也充满了好奇，会问我父母都是做啥的、挣多少钱之类。答完这些，有时我也会顺嘴讲讲火车、飞机和轮船。当年我已经多次坐过火车，飞机和轮船的事则是在画报、书籍和电影上了解到的。他们很当回事儿地听，或许这对他们的视野也是一种开拓吧。

聊这些嗑儿的时候，我的眼睛往往都盯着张大妈手里的拨棱槌。

张大妈每收拾完碗筷，都会盘腿坐到炕上来。炕上吊着一只拨棱槌，她一边用它打绳，一边跟我打唠。在此之前我没见过这玩意儿，这回见了，就很觉新奇。

张大妈的拨棱槌是一根牛骨头做的，好像是小腿骨那节。做得很随意，穿个眼，弄个钩穿里就妥了。却通体光滑，所有的棱角都磨得圆润了，搭眼一看就是用了多年的样子。

张学宏吃惊我的新奇，他说这玩意儿家家都有。

张大妈则很乐意告诉我，我问啥，她说啥，见我问不到点子上，她还能直接说到点子上去。这使我了解到拨棱槌是用来纺麻绳的，就是纳鞋底的那种麻绳。麻是生产队种的，秋天长成了割下来，放到水里沤，沤妥了，把麻坯儿扒下来，再砸巴软乎了，就能纺绳了。

这活儿大致有三道程序。首先是捻麻坯儿，麻坯儿就是麻纤维，一条一条的，把每一条的一端都捻细，捻匀，捻光滑。张大妈都是用手指捻的，时常把手指伸嘴里抿点唾沫。接下来是打麻经，也就是把捻好的麻坯儿打上劲儿，这时候就得用拨棱槌了，一边旋转它，一边续麻坯儿。最后是把两股麻经打成一股绳，也需要拨棱槌来上劲儿。

绳好像总跟"劲儿"相关，只要上了劲儿，就能拧成绳。后来我在超市见了炸麻花的，也曾想起这个原理来，两股面坯儿上妥了劲儿，也就自然拧成一股了。

用拨棱槌好像挺累胳膊的，我见张大妈时常要歇歇抽袋烟。

几年后我读了《红楼梦》，在第 51 回，见曹先生借薛宝琴之口开出了一条谜语，谜面引借了《西厢记》的情节，说"小红骨贱最身轻，私掖偷携强撮成。虽被夫人时吊起，已经勾引彼同行"。在书中"众人猜了一回，皆不是"的时候，我就已经猜到是拨棱槌了。当时很是窃喜，并再次想起了张大妈。

我在三家子小学只读了一个多学期，父亲就被调走了，家也就随之搬走，先从十一营搬到大清，再搬到小堡子。尽管如此，三家子仍然给我留下了深刻印象，我与张学宏也建立了长期友谊，直到如今。从那儿之后，我很久不曾再见拨棱槌，直到前几年为辽河口博物馆征集文物时才巧遇一件，见了顿觉亲熟，二话不说就收了来。所收这件是木质的，品相较好，已形成了自然包浆，手感柔和，想来应该也曾被哪位大妈使用了多年。

05　袜底板

小时候我的袜子总坏，还专坏脚后跟，现在想来都弄不明白究竟为什么，也不知是我脚的毛病，还是鞋子的毛病。某天闲聊跟人扯到这节，听人说是袜子的毛病，那时候的袜跟都织得不够紧密，以致最应耐磨的地方实际上并不耐磨。我颇觉释然。

当年坏掉的袜子并不舍得扔，往往都会补上接着穿。

补袜子的活儿都是我姥姥做，姥姥补的时候都得劳烦袜底板。

袜底板也叫"袜板子""袜托儿"，是一种专门用来缝补袜子的工具。木质的，构造非常简单，主体是一块质轻而又稍厚的木板，呈足形，后跟处竖起一个一寸多高的半圆形木块，木块与足尖之间，连着一根窄木条用做支撑。图片中的这只袜底板没有那根撑条，或许是脱落了，也或许压根儿就没放。

印象中袜底板挺寻常的，一般人家的针线笸箩里都有一个，也随时都能在供销社里买到。我家就至少有3个，大中小号各一，都是陆续添置起来的，因为我的脚长得太快了。每一个都挺轻的，木质也挺软，颜色发白，现在想那可能是椴木的。

姥姥缝补的时候，先把袜子套到袜底板上，再根据坏掉部分的面积大小，从旧袜子上剪下块补丁来。把补丁铺在漏洞处，一边折毛边，一边大针大线地绷在袜子上，然后再用细密的针脚慢慢缝，缝妥了，再把大针线拆下来。偶尔碰上大拇脚趾处也被顶破了，通常就不用贴补丁了，而只拿双线密密地缝上就行。

姥姥的针线活儿特别好，补丁的毛茬都掖在里面，而且丝毫不露针脚。这一点姥姥很有自知，也很自信，常说我这针线活儿呀，一般人赶不上，拿出来谁都瞧得上眼。

我想这是不假的。我见过我同学的袜子，他说是他妈妈缝的，补丁和

袜底板，现藏于盘锦市文物中心

缝线的颜色往往都跟袜子对不上号，使得那本就歪七裂八的针脚暴露无遗，越发显得不规矩。我怀疑他妈妈在缝补的时候或许没用袜底板，否则应该不至于如此，因为套上袜底板的袜子就像被一只脚给撑着，边边角角都舒展开了，这不仅能使针线行走自如，也能使打上的补丁平整服帖。

　　后来得知，袜底板不仅是补袜子的工具，更早的时候还能用它做袜子。做的是布袜。据说在线袜出现之前，人们都穿布袜，拿家织布做的，模具就是袜底板。听人讲这种袜子不好看，但很厚实，尤其当袜底慢慢摞上一层又一层的补丁之时，就厚得跟鞋垫似的了。

　　我小时候常穿的是线袜，也有尼龙袜，每一种都爱坏脚后跟，而且很多时候都是先坏掉一只，姥姥补的时候，却也得把两只全补了。姥姥说对称才好看。作为中国传统美学的一条审美原则，对称便这么被一个老太太仔细地应用在了一双双破袜子上，也当真好看。

贫困能让人生出智慧，实践能让人对美学无师自通。

虽然没有任何有力的证据加以佐证，我却仍然一厢情愿地认定袜底板是在近代问世的，因为在更古的时候人们并无袜子可穿，而往往是用一块整布将脚包裹起来，也就是人们常说的"裹脚布"。裹脚布自然也会破损，却用不着劳烦袜底板来缝补。只有在社会上出现了有足跟有趾尖的袜子，而个人的经济条件又不允许及时更换的情况下，人们才会补袜子。也正因此，袜底板才会在今天彻底隐踪，因为我们的孩子已经在惊讶：难道袜子还用补吗？实际上他们已很少会将袜子穿破了，通常在穿得半新不旧的时候，就已被他们漫不经心地丢掉了。

我家的至少 3 个袜底板，如今也都个个遍寻不见了，且不知失落在何时又何地。

此时此刻，我怀念它们。

06　绣花鞋

我姥姥有三儿两女，我妈妈是她的老闺女。

姥姥的脚，便常由我妈妈来洗。

洗的时候姥姥坐在炕沿上，妈妈坐在地上的小板凳上，两个人中间摆一只木桶，装着大半桶热水。姥姥洗脚怕看，从不许别人靠前，我那时才五六岁，她不介意，我便也常常在旁守着，且不会觉得无聊，因为姥姥的脚很奇怪，只有大拇脚趾是伸着的，余下的四个都窝在脚底，正面完全看不着。

泡好了，妈妈拾起姥姥的一只脚，搭到自己的膝盖上，把剪子最大程度地张开来，一下一下地刮脚底，刮掉的老皮挺老厚，白色的。脚底弄完了，又去弄脚趾，在那四个窝着的脚趾里头一下一下地掏，有时手重了，姥姥就"哎哟"一声。然后剪趾甲。只有大拇脚趾有趾甲可剪，而且更奇怪，竟是方形的，也是特别厚，指甲刀丝毫铰不动，只能用剪子。

这么拾掇完了，妈妈就从炕上拽过两团白色的家织布，很长的条形布，分别缠到姥姥的脚上，一层又一层的。缠严实了，才给姥姥那双奇怪的脚穿上鞋子。

姥姥的鞋子也仍是奇怪的，前头儿很尖，脚背处又很高，跟我的鞋子的长相差距太大。平日里姥姥穿的鞋子是青布的，逢年过节就会换成绣花的，五颜六色的花纹绣在两侧鞋帮上，还挺好看的。

长大后我听说了"三寸金莲"这个词，还曾特别追忆过姥姥的那些鞋子，虽然明显太小，却也总觉得要比三寸大上一些，想来若按古时的规则，这要归属于"银莲"一列，也就是四寸的。四寸以上的为"铁莲"。这种奇异的鞋子当年也能买到，但不大跟脚，姥姥便自己做，鞋底是用白线纳的，而不是麻绳，也不是寻常的麦粒状，而是会纳出花样来，即使是平常穿的青布鞋，她也是这么一丝不苟地纳。

绣花鞋，现藏于盘锦市文物中心

　　那时候姥姥家在二界沟的最北头，房后是蛤蜊山，也就是文蛤皮子堆成的高岗子。那地方的鸟特别多，我每次来都要随大表哥们去那儿逮鸟，有时拿网拍，有时下夹子。逮着了就拿泥巴箍上，进屋扔进灶坑，直烧得满屋子都是鸟毛味。姥姥就不高兴，追着我要打，我就跑，跑累了，蹲那儿等她，再央咕她背我回去。姥姥走道也是奇怪得有趣，扎巴扎巴的，还左右微摇，我在她背上往往都要睡着了。可是她走不远，一会儿就要撂我下来歇一歇，前后左右地瞅瞅没人，还会把她的小鞋也脱下来，再揉一揉那缠着层层白布的脚。

　　我那时候不知道小脚老太太走道吃力呀！

　　曾问过姥姥你脚咋这形？姥姥说裹的。

　　后来才知，姥姥娘家姓陈，是营口的生意人，开着一爿有点规模的杂货铺子。为着脸面，养了闺女就必得裹脚。疼，姥姥不肯，追着给裹，也到底裹了，当时姥姥才四五岁。

近千年里，中国的汉族女性不裹小脚是丢人的，是难嫁的。

这么持久的延续，这么广泛的普及，这么隆重的后果，使裹小脚或说缠足，已完全不能以时尚来解释了，因为时尚既是善变的，又是小众的，也还是并不追责的。那么在这漫漫历史长河里，究竟该将裹小脚如何定性才妥当？畸形审美？就连画风、书风以及衣风等都在那千年里一变再变，为啥独独它没变？

关于缠足的起点，众说纷纭，或隋朝，或唐朝，或五代。清朝建立后曾极力禁止，但屡禁不止，至康熙七年（1668）无奈罢禁。同时亦曾严令剃发蓄辫，汉族男子纷纷执行，由此于史上留下了"男降女不降"之说。20 世纪初，孙中山再度发布缠足禁令。20 世纪末，中国最后一家生产三寸金莲的鞋厂因市场枯竭而宣布停产，并将"金莲"鞋楦送进了博物馆。绵延于中国近千年的缠足之风，才到底止了。

姥姥的脚和她的绣花鞋，实是这股诡异之风的最末一缕。

姥姥叫毛陈氏。当年我也曾好奇于这个名字。姥姥说嫁鸡随鸡，嫁狗随狗，嫁给老毛家了就得姓毛。我却仍觉得姥姥没名字。姥姥以及姥姥们，多让人同情啊。缠足流行的那浩荡千年里，咋就没人肯帮帮她们呢？那时候世面上只有中医，而中医深悉缠足对身体的恶劣影响，为啥还要由着风俗糟蹋代代女性的足呢……每想起这茬儿，我都仍会变成小孩子。

07　靰鞡鞋

"靰鞡（乌拉）"为满语的音译，意指东北地区一种垫有靰鞡草的皮制防寒鞋，是中国古老的鞋子之一，属东北亚冰雪文化的特有产物。早年东北民间曾有这样一条谜语：左右不分，有大有小，脸多皱褶，耳朵不少，放下发呆，绑上就跑。其谜底就是靰鞡鞋。

过去村人穿鞋一般都是自家缝制，靰鞡鞋却是例外，因为只有少数技艺娴熟的皮匠才会制作，所以人们需花钱购买，或用农副产品交换。传说靰鞡鞋铺的祖师是孙膑，是否确凿无从考证。

靰鞡鞋的制作很考究，一般都选用牛皮，也有用马皮和猪皮做的，但那都属于低档货。一张牛皮大致能出四五双靰鞡，行业术语称为"排"。头排靰鞡取皮于牛尾根处；二排取皮于牛臀和牛脊骨处，是最好的位置，成鞋后耐穿禁磨，价钱也相对贵些；三、四、五排取于牛腰骨处，皮质打横，做出的靰鞡品质差点。靰鞡鞋也没有具体的尺码，而只有大、中、小号之分，因为皮子好的一般都重些，所以它的品质通常以更直观的重量来衡量。

这是我后来才了解到的细节，当年并不清楚我二大爷穿的是哪排靰鞡。不过我二大妈常说，你二大爷的靰鞡都是好靰鞡，哪双都是一斤高高的，别人的顶多八两。

我二大爷就是我父亲的二哥，当年在生产队赶大车，冬季里常穿靰鞡。

穿靰鞡离不开靰鞡草。

靰鞡草是一种生长于苇塘边缘等低湿地带的草，茎叶细长，干燥后柔软、韧性强。这草需要在秋后割取并捆成小把，晒干后收存。穿靰鞡时，先用木棒把靰鞡草捶软，抖开，之后横斜交错地塞进靰鞡，絮成脚趾、脚跟处略厚的草窝。再围出一个靰鞡靿。脚伸进去后，把露出来的多余长草拽出，再拿草围出一个靿子，护住脚背，最后用靰鞡带将鞋子交叉绑紧。

靰鞡本是一种夹鞋，却因絮了靰鞡草而成了轻便灵活又结实耐穿的御

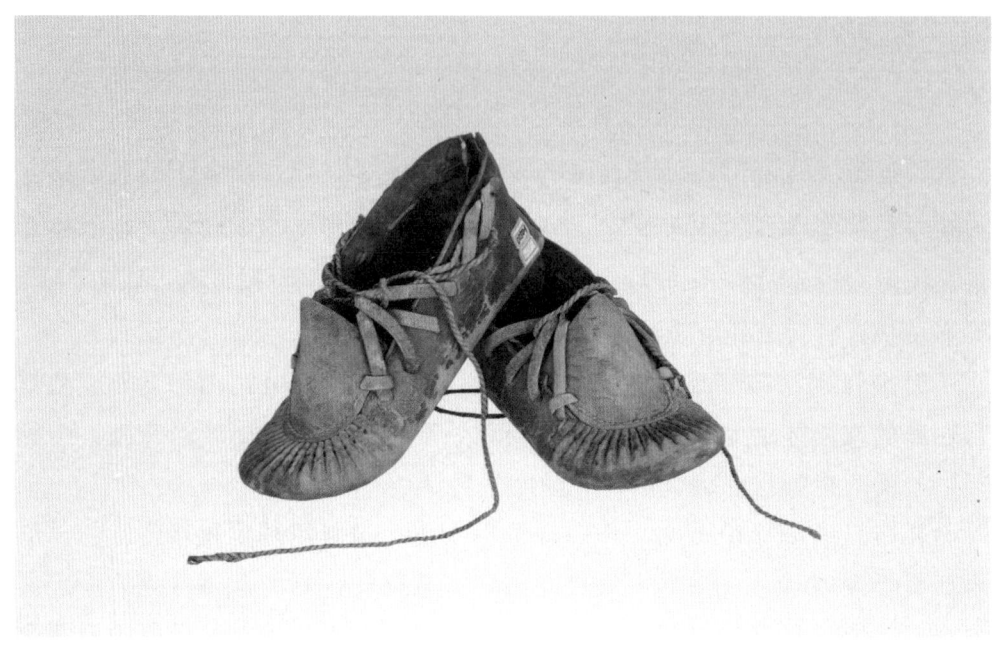

靰鞡鞋，现藏于盘锦市文物中心

寒鞋，而且保暖性极佳。记得我二大爷每天下工回家，脚拿出来时都直冒热气，可见那鞋窠里的热度。把靰鞡草掏出来撂到炕头烘上一宿，明早再穿就又是干爽暖和的了。

·那时候下塘、赶大车的人都穿这种鞋。其他的装备也基本一致，往往都是大棉袄、大棉裤，都是自家女人用家织布做的，一身青色。还会把大棉裤一抿，拿个白布条一系，再把裤腿扎紧，确保不漏风。

这身装束穿在别人身上也还没啥，我二大爷穿上就能显出一种别致来，按现在的话说就是能透出一股帅帅的酷劲儿。我二大爷瘦，体质却很好，是那种结实健康的精瘦，而且快言快语，颇好说古论今，说起来还有鼻子有眼儿，偏爱在小辈儿跟前卖弄卖弄，比如说过去咱家在这周边那也是有一号的，能在一个村子里设局务必得是好人家，你人缘好，人家才乐意捧你场，才肯来。咱家的豆腐房啊，那是没落了才开的，不是也幸亏如此了吗，否则哪能捞着贫下中农的好出身呢……

　　那时候我常穿一种胶底鞋，有点儿近似回力鞋，却又不是，鞋帮是蓝色的，俗称"靰璐鞋"。鞋号正好还有点大，我大妈怕我冻脚，便也常常要给我塞些靰鞡草进去。靰鞡草都是事先凿好的，很软乎，不过初穿仍觉硌脚。这时我才理解为啥二大爷每次穿靰鞡之前，都要先拿一条白色家织布把脚层层包裹起来，那是为了抗磨啊。

　　有句老话说"东北三件宝，人参、貂皮、靰鞡草"。珍稀药材、名贵毛皮，与一种普通的野草相提并论而称之为"宝"，貌似不伦不类，东北人却十分认可，尤其是那些穿过靰鞡鞋的东北汉子。所以有人品评这"三宝"说：参以寿富人，贫者不获餐；貂以荣贵人，贱者不敢冠；唯此草一束，贫贱得御寒。

　　靰鞡草成就了靰鞡鞋，使之成为一种有温度的鞋，贫贵无欺，只抗严寒。

　　图中这双靰鞡，鞋底已经破损，边缘也已磨秃，泛着被汗碱长久浸泡所起的白色。分量极轻，想来皮质里的水分早已被岁月挥发得一干二净了。

08　老布鞋

自从上了点儿年纪，我就特别爱穿老布鞋，也就是手纳底、黑帮面的那种鞋。每每穿起，还会不由地想起我大妈，小时候我穿的这种布鞋多是大妈给做的。

当年我本是常穿胶鞋的，可是一旦被父亲送到了老家，就总要被大妈给扒下来，非让我穿布鞋不可。大妈的看法是小孩子穿布鞋才是正道，因为布鞋才养脚。至于咋个养脚法，她则不肯或不屑于细说。那几年我的脚几乎一年一个尺码，就害得大妈常常要做新鞋给我。我那时候的好奇心还特别重，以至于啥事都想掺和，也就对老布鞋的做法颇为熟悉。

那是先要打袼褙的。

"袼褙"是制作鞋底、鞋帮的必需材料，由多层碎布粘裱而成，粘裱的过程就叫"打袼褙"。想要打袼褙，先得抒铺衬。"铺衬"泛指一应废旧布料，往往非旧即小，非小即旧。把这些布头儿用水洇湿，再一块块抒顺展平，就叫"抒铺衬"。大妈洇湿布头的方法是以口含水，喷向铺衬，喷出的水雾又匀又密集，效果不亚于专业的喷壶。

抒好备齐了铺衬，拣一个阳光充足的日子，用面粉烧一盆糨糊，就开始打袼褙了。一般在炕桌上进行，有时也会把门板撤下来，总之需要一块平整的台面。先在台面上铺一张报纸，尽量挑几块大一点的铺衬铺到报纸上，然后刷一层糨糊，粘另一层铺衬，及至粘到七八层。

这是个慢活，因为那些铺衬不仅太小，而且奇形怪状，得像小孩子拼七巧板似的，逐块逐层地去拼，拼成一个四棱四角的长方形。然后从炕桌上拎起，送到院子里去晒干。干透的袼褙，就看不出是新旧布头儿的拼就物了，而俨然成了一块厚实挺括的整布。

大妈的糨糊不是用白面做的，而是用高粱米面，拿小磨现碾出来的。当时我曾挺纳罕，后来才知那是为了省下白面。那些年细粮在乡下是很金

老布鞋，现藏于荣兴博物馆

贵的。

　　袼褙打好了，大妈就让我"踩样子"。我光脚站到一张袼褙上，大妈拿滑石板画下我的脚形，然后照样剪下来。再以此样为标准，剪出好几层。每一层都要拿白色的斜纹布包上边，包妥了粘到一起。我的鞋底总比别人的层数多，也就更厚实，更抗磨。

　　然后开始纳鞋底。所用就是拿拨棱槌打出来的那种麻绳，呈着浅黄的透澈色泽。先用粗布把麻绳撸一遍，去掉毛刺，免得扎手，再把它穿进一根大针里。然后一手拿鞋底，一手拿锥子，锥个眼，穿一针，再锥个眼，再穿一针。纳好的鞋底，正面的针脚就像一颗颗饱满的麦粒，非常整齐漂亮。

　　这活儿非常需要耐性。很多时候我看着看着就疲累了，我就说大妈，我要吃炉果了。大妈却是总也不见急的，听了我的话也仍旧把锥子在头发上又蹭了两下——她说这样可以使锥子更锋利，然后不紧不慢地用劲把那

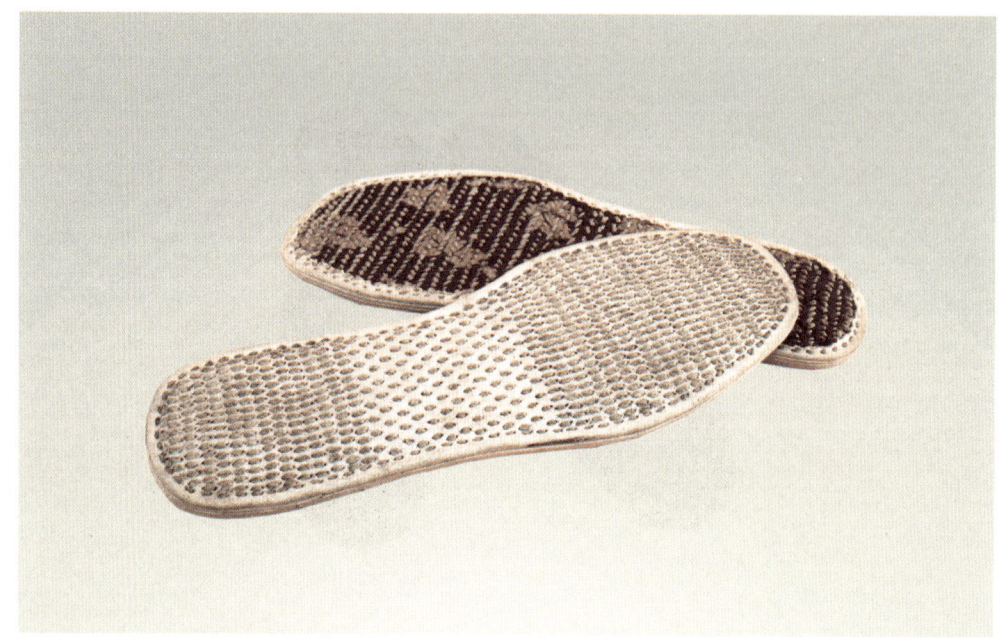

千层底，现藏于盘锦市文物中心

又厚又硬的鞋底又穿透一个针眼，才肯撂下鞋底子起身给我拿去。

　　我的炉果、饼干、糖块等零食，自带来那日起，就都被大妈装进一只柳条筐，高高地吊到了房梁上，这使我跷脚也够不着，每每只能劳烦大妈。我寻思这东西是我爸妈给我带来的，可大妈咋不让我吃呢。问一回，大妈说出一个缘由，问过三四回之后，大妈的意思才全面透露了出来：好东西不能一口气都吃了，得徐徐地吃，细水长流；我不能让你够着，你手太松，都给人了；后院你三哥就惦着你那点东西呢，你还是个没记性的，忘了他打你了……

　　大妈纳完一只鞋底，我大概要这么劳顿她三四次，我都烦了，她也不烦，仍不肯把那只柳条筐拿下来，弄得我没有东西去甜乎后院我三哥。

　　鞋底纳妥了，就做鞋帮。鞋帮也是从袼褙上剪下来的，有现成的鞋样子，牛皮纸的，被大妈夹在一个厚厚的硬壳本子里。大妈做给我的鞋是没有五眼的，直接套脚，就跟现在市面上常见的那种老布鞋一样，我眼下穿的也是这种。鞋口也都有包边，不过是青色边了。

最后一道工序是将鞋帮缝上鞋底，先找两个基点，一个在鞋尖正中，另一个在鞋跟正中。缝妥了，一双布鞋也就完成了，号称"千层底布鞋"。

这种鞋在早年很普遍，后来渐渐隐退，直到近年才再度风行起来。我感觉这跟赶时髦没啥关系，而大多是念旧的情愫使然，与其说我们是在穿老布鞋，莫不如说是在穿一种情怀。当一个人有了点儿年纪，早年经历的一切就都有了别样的温度，特别令人难舍。

09 棉手闷子

我小时候的冬天特别像冬天，大西北风、大冒烟雪、大冰凌子、大雪壳子，处处都是天寒地冻的景象。我小时候的御寒装备也就相当完备，棉袄棉裤都分薄厚两种，刚入冬和快开春的时候穿薄的，隆冬时节穿厚的。在"棒打不走"的三九四九天里，厚棉衣外面还得再套件俗称"棉猴儿"的连帽棉大衣，同时颈系毛线围巾，脸蒙棉纱口罩，头顶狗皮帽子，手戴棉手闷子，脚蹬厚实棉鞋。若非如此，实在是没法安生过冬的。

这其中的"棉手闷子"就是手套。

却又不同于手套。棉手闷子是絮了棉花的，而且长相也与手套存着很大差异。手套的五个手指各自独立，棉手闷子则并非如此，它基本有两种形式：一种是只有大拇指独立，另一种是大拇指和食指独立，其他的四个或三个都聚拢在一处。后来我想过这么设计棉手闷子的缘由，觉得应该是将保暖的追求放在了首位，毕竟抱团儿才好彼此温暖，为了达成这一点，不得不牺牲一些动作上的灵活性。或许也正因此，它才没叫"棉手套"，而叫了"棉手闷子"。

我最初戴的棉手闷子，就是只有大拇指分开来的那种。那是姥姥给我做的，偶尔大姨也会做给我，品质上却总也赶不上姥姥做的。姥姥是最疼我的那个人，所以给我用的青布都是新的，絮的棉花也都是新的，而且针脚细密精致，戴出去总会使小伙伴们羡慕非常。

只可惜那时候的我实在太淘气了，遇树爬树，逢高登高，有门不走，专翻墙头。这样的日常，就使我的衣物特别容易坏掉，像膝盖、胳膊肘这些着力的地方，以及棉手闷子的虎口处，都会迫不及待地张牙咧嘴。母亲上班没空，就得姥姥给我补。姥姥往往一边补一边嗔我：你们老杨家真是祖坟冒青烟了，养出来你这么个淘小子！

虽然我并不以为姥姥是真心骂我，却也知道姥姥缝补得不易，心下颇

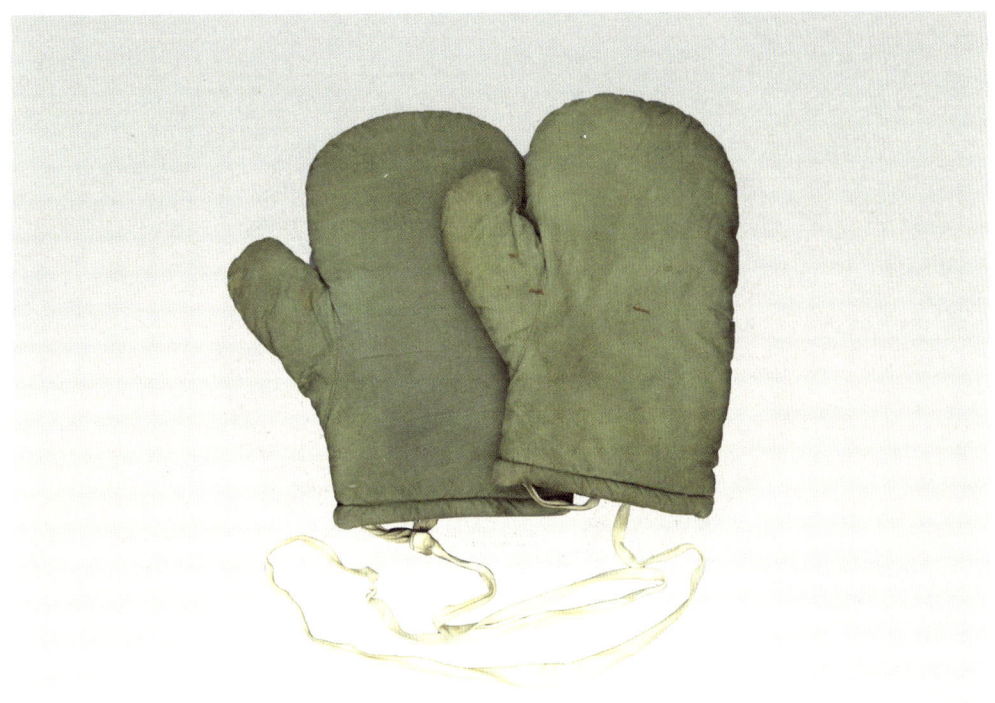

棉手闷子，现藏于荣兴博物馆

为过意不去。其实在我屡屡登高上瓦的时候，多半也是留着神的，只叹没啥效用。那两年我家住在田庄台，那个镇子跟二界沟一样到处都是胡同，如果从正门出入，往往就得绕道，一绕绕挺远，我就不肯绕，直接翻墙走。所以无论我是否留神，那些个地方仍会争先恐后地磨损坏掉，姥姥嗔我的那句话也就得以再而三地重复，令我直记到如今。

　　棉手闷子也属实暖和，尽管天地间那么冷，我这个淘小子也常常满脑门子都是汗，两个手心也全握着汗。熬不住了，也会把狗皮帽子翻折起来，使之浅浅地扣在头上。还会把手抽出来，把两只棉手闷子交叉到身后。我们小孩子戴的棉手闷子都缝有一条长带子，连缀着左右两只，挂在脖子上，避免遗失的同时也方便使用。这也是它有别于手套的又一点。交叉到身后

棉帽子，现藏于荣兴博物馆

之际，它们会随着我的蹦跳在我屁股后头呼扇呼扇地起舞，也使我的样子像极了大人背手走路的姿势，颇觉牛气，所以直到冻麻爪了我才肯把棉手闷子放下来，再把两手伸进去。

常常被汗溻着的棉手闷子，没多久就变硬了，甚至会在它的青布面上看见白色的碱花，弯弯绕绕出各种图案。这个时候姥姥还得帮我洗，洗过放在炕头上烘干。洗过一水的棉手闷子就没有当初那么软乎暖和了，可是不洗又不行。

男孩子的棉手闷子都是青布面的，女孩子的多是花布面的。

等我长成少年的时候，市面上出现了那种大拇指和食指都独立开来的棉手闷子，军绿色的布面，里头挂着一层洁白的打着卷的羊毛，带子也是军绿色的。无论是颜值，还是便利性，都明显比自家做的优越了一大截子，那时候凡是跟军绿色挂钩的东西都是时尚的。所以从那时起，我就戴这种了。

　　再后来，我又在别人的手上看见了一种更加别致的款型：左右两只是非对称的，左手的大拇指、食指是独立的，右手的中指则也是独立的。这是解放军的专用棉手闷子，右手的分布之法是专为扳枪机而设计的。我很快就央咕着父亲给我淘弄一副来，戴得那个狂气。

　　时代的痕迹，在很多日用品上都有体现。

　　到如今，有的改头换面了，有的彻底消逝了。

　　棉手闷子或许当属后者，因为它不再普遍了，永久失去了大众性。

10 炕桌

在大妈家之外，小时候的我还常常被安置在姥姥家。姥姥家有火炕，火炕上有张小炕桌，我生平吃到的第一顿饭，应该就是在那张炕桌上。没准儿那时候姥姥瞅着我扒扒扯扯地够上了炕桌，还要急着跟人家显摆：快看快看，这小子会抓食了！

想来那时候我也真是只会"抓食"而已，真正将饭吃到嘴里，肯定还要靠姥姥的支援。姥姥应该会把我揽进怀里，再摞到她盘着的腿上，一口一口地喂食给我，就像成鸟喂饲雏鸟。这样的做法在时下极受排斥，而我这茬人却也当真就是那么长大的。

到我支支棱棱能使筷子的时候，我仍会把饭菜撒得到处都是，桌上桌下汤汤水水，却不曾留下因此遭训斥的记忆，或许那训斥压根儿没有，也或许是被我给选择性地遗忘了。遭训斥的记忆发生在我再大一些之后，那时候我已被称为"半大小子"了。

在炕桌上吃饭是有规矩的，通常都是家里最年长的人端坐在炕桌的中间，媳妇及稍大的女儿则坐在最外边的炕沿上，负责给炕里的家人盛饭、添菜。坐在炕里的人则必须盘腿坐着。我不喜欢那么坐着，就常常偷着把腿伸直。然而炕桌是配合人们坐在炕上使用的桌子，四足很矮，矮到很难把腿脚伸到桌子底下去，我这么一尝试，往往就会把桌子弄得晃动了。这时候父亲就会训斥我了，至少是横我一眼，继而要我盘腿坐好。

从这点来说，炕桌也是我国传统礼俗的传承媒介之一，像"站如松，坐如钟"之类的规矩，往往都是在炕桌上布置下来的。小小的炕桌，也因而曾带给我一丝隐隐的敬畏。

作为中华民族的一款古老家具，炕桌不仅有着悠久的历史，也还有着繁多的用途，吃饭之外，人们也偏爱用它来喝茶、读书、写字、下棋，甚至待客。单纯吃饭用的炕桌，在饭罢就要撤去，待客用的炕桌则全天不离炕。

炕桌，现藏于盘锦市文物中心

　　在我父亲下放到田庄台的时候，我家曾寄住在一栋空出来的大户人家的大宅院里，其中的一铺炕上就布置着一张待客炕桌，桌两边还各铺一条厚实的毡褥。父亲曾坐在那张炕桌边向组织汇报过思想，我也在那炕桌上写过无数回作业。

　　清代是炕桌史上最辉煌的时期，炕桌的用途也被拓展得最为宽泛。从留存至今的《清宫筵席图》可见，那时的炕桌不仅是民间必备家具，还是清宫举行重大庆典的必需用品，桌上珍馐美味陈列，宗室亲贵、臣僚藩王等倚桌而坐，交杯换盏。

　　清代之后，炕桌就走下坡路了，我以及与我年龄相仿的这茬人，实是赶了个尾声。当我们到了会赶时髦的年纪，那种俗称"靠边站"的地桌就普及开来了，炕桌由此纷纷下岗。当年我们并不曾留恋，反而庆幸自己的双腿以及裤线都统统获得了拯救。

炕桌，现藏于荣兴稻作人家民俗文化村

　　出乎意料的是，到了时下这个年纪，我却忽然地想念起炕桌来了，而且日甚一日地不能自抑。到底颇费周折地寻来一只可心的，安置到了那件同样可心的罗汉床上，还摆上了一盆古称"瑶草"的灵芝。再坐其旁，令人尤感莫名的是，如今这已名副其实的老胳膊老腿儿，竟然不会再为盘腿打怵，反倒安然得跟那久已习惯了打坐的老和尚似的。

　　炕桌让我明确意识到了自己是在走"回头路"，好像也在令我的胳膊腿儿以及那颗心都变得越发的柔软。炕桌连接了一个人的老年和童年，还使两者很难划清界线。

　　记忆中姥姥家的那张炕桌很精致，就连桌腿都是带着优雅弧度的，古朴中颇见雅致。

　　却已不知遗失于何年何月。

11　炕琴

最早在我心里留下印象的，是炕琴的前身炕柜。

那是 1968 年前后的事，我 10 岁左右。

那时我家已搬到大洼县清水农场住了一阵子，我母亲的结核病严重了，为方便就医，就又搬回了田庄台。严格来说也不算搬家，因为父亲还工作在清水，"公家"也不曾在田庄台额外给我们分配住房，而此前居住的老黄家大院的房子已经交公了，所以我们的大部分家居用品都没有搬动，只有母亲带着我们兄妹三人投奔了我老姑。

老姑一家住在一座四合院的东厢房里，三间，中间是灶房，南头那间住人，北头那间放杂物，正门朝西。我们来了，老姑就把杂物清理了，自家搬到北屋去住，把南屋让给了我们。南屋有扇南窗，能透些阳光，相对暖和很多。母亲很是过意不去，但老姑和老姑父执意如此，母亲无奈，转而坚持让他们把炕柜也挪过去，说我们娘几个行李少，并用不着这个。

炕柜就这么挪了过去，炕梢空荡荡的了。

以后的日子，当在我南屋北屋来回串的时候，也就多瞟了几眼那个炕柜。

那是民国年间的一件旧物，柜体为素面木板，无雕无刻，呈现着木材的天然纹理。柜门镶着瓷板，瓷板雕着图案，都是鼓起来的，有寿桃，有菊花，特别逼真，虽然颜色都旧了，却依然漂亮。柜门下方开着一排三连的抽屉。柜门以及抽屉门上，也都镶有黄铜的锁鼻子，看着沉甸甸的充满了年代感。柜里头装着些衣服杂物，柜上头整齐地叠着老姑一家人的被褥，被面朝外，雪白的被头一顺水地靠在炕沿这端，另一端摆着枕头。

出入同学家的时候，我也会有意多扫两眼炕柜。

那时候的田庄台几乎家家都有炕柜，也基本都是柜门上镶着瓷板的这种壮实货色。作为一个有着富庶底子的古镇，田庄台的坐地户都将日子过得不赖，即使在家族的买卖都不大方便做了的当年，殷实的人家也仍然很

炕柜，现藏于盘锦市文物中心

多，这样人家的被褥就几乎都是缎子面的，层层地摞在柜上流光溢彩。而且，这样人家的被褥也是从来不罩的，就那么袒露着，充满了自信。

老姑家的被褥多是棉布的，也就很多时候都是罩着的。我家的也是棉布的，还直接摞在炕梢那儿，自然也都终日罩着。老姑家的罩布是一块青米两色相间的格布，我家的是一块线毯，卡其色的，中间织着五六只鹿，四边散落着打了花结的线穗子。我不知道我家为啥没有炕柜，清水农场的家里没有，早在盘山的家里也没有，被褥就都用这块线毯罩着。

后来的事情表明，那是我生平第一次见识到那么多又品相那么完整的炕柜，也是此生最后一次。过了不久，很多人家就都把炕柜的瓷板、铜锁片、铜拉环等纷纷取了下来，其中铜质的东西当废金属卖了，漂亮的瓷板都就地凿巴了。我妈说那是"破四旧"呢。

庄肃的炕柜就这么被毁了容，似乎也由此不招人怜惜了。当步入 80

年代的时候，就相继被各家各户匆匆地请下炕去，继而又请出屋去。有的撒在院里，有的塞进仓房，最终大多沦为了烧柴。我老姑家是个例外。"破四旧"的时候我老姑父是个瓦匠，理所当然地属于"工人阶级"，而且他家又住在田庄台最北边，房后就是生产队的菜园子了，较为偏僻，以致当年没有受到啥冲击，得以完好保存的炕柜也就未曾遭遇抛弃。

然后，炕琴取代了炕柜。

与炕柜相较，炕琴更长更高，长与炕等齐，高是又多出了一层柜子来，两层摞一起使用。功能上与炕柜十分相近，不同之处仅在于被褥不是摞在柜上，而是装进了上层的柜子里头。柜门都镶着玻璃，内衬着印有明眸俊颜的影星画报，或者打着细碎小褶的彩色绸布，也或者是找画师画上了中国传统的花鸟图案。再后来还出现了一种贴纸，功能类似于现今的大头贴，贴上之后把外层塑纸撕下来，图案就印到了玻璃上。总之，各家各户的被

炕柜，现藏于荣兴稻作人家民俗文化村

褥都不约而同地不再袒露了。

　　与炕琴同时流行起来的还有"高低柜"，大致就是衣柜、梳妆台等的组合，所以也叫"组合柜"。那时候的青年结婚，炕琴与组合柜已是必备的家具之一，并自此流行了多年。

　　如今，在仍然睡炕的一些村民家中，依然还有炕琴，被褥也依然装在上柜之中。

　　却都不及老姑家的那个庄整，尽管同样很有些年头了。

　　老姑家的炕柜终了还是没了，而且谁也说不准到底没在哪年哪月，又究竟是哪样的没法儿。老姑去世后，老姑家的子女相继搬入了楼房，炕柜没地儿放，我想或许就被哪个表兄弟当破烂儿卖掉了。

　　如今我时常就会想起那个炕柜，也会捎带着想起老姑家房后的菜园子。当年我常去那儿偷摘黄瓜和柿子，也常会被"看青的"（管护菜园的人）给追撵，有时会一直被撵到老姑家里去。老姑听了人家的反映，往往会端过一杯水来给他消暑，说这孩子才是个淘小子哪！事情也就算了。

12　八仙桌

田庄台的老李大娘家有张八仙桌，当年我随母亲屡屡去她家借用棒槌石的时候，那张桌子就无意间拓在了心里。

那是一张非常古朴的桌子，平常都靠墙摆着，两侧各搭一把同样古朴的太师椅。后来知道这桌和椅都是红木的，也因此很沉。老李大爷一生没有别的嗜好，就爱打麻将，在"文革"期间那么紧张的风气下，他也忍不住要打，每每串联来几个麻友，就紧着把窗帘全都撂下，仔细遮挡严实了，再把那张八仙桌挪到地当腰，当麻将桌。他这么挪动的次数挺频的，老李大娘也就尽量不往桌上放啥杂物，平日里只摆着一只茶壶和几只茶碗。

我的小学同学杨树砖家也有一张八仙桌，当年我随父亲第一次去他家串门的时候就注意到了。他家住在一座四合院的东厢房里，房门朝西，进门挡眼处就是一张八仙桌，桌两旁也是太师椅，桌面上则摆着两只硕大的青花瓷瓶，桌上头的墙壁上挂着一面颇有岁月感的大镜子。这种摆设在当时的田庄台并不罕见，罕见的是他家的条理性，所有的家具都安置得特别有序，也由此显出了分外的端庄。这种感觉在老李大娘家则是难寻的，尽管两家同样干净，我想这是因老李大娘家的家具布置较为随意之故。

无论如何，儿时的记忆使我逐渐形成这样一个概念：在中国的传统家具当中，八仙桌是最具尊严的一种。

这个概念的形成，在八仙桌以及与它搭伴的太师椅所自带的那种庄肃气质之外，还缘于八仙桌所拥有的鲜明的传承性。实际上李、杨两家都是延续了多少代的买卖人家，家族的铺子都是田庄台的"老字号"，这使他们的祖上有条件也有心思置办八仙桌，并代代传承。

事实是当年在盘锦地区，田庄台拥有八仙桌的人家是最多的，盘山街里次之，二界沟则几乎一家也没有。这样的地理分布之别，根本上就在于田庄台是一个"因河而生"又"因河而兴"的古埠，许多年中借着素有"黄

太师椅，现藏于盘锦市文物中心

金水道"之誉的辽河航运的势头，自清代起就成了买卖人扎堆儿的一个所在，也成了盘锦地区最先繁荣起来的一个区域。盘山的经济与文化不及田庄台，原本以贫困渔民为居民主体的二界沟更是无法企及。

到我十来岁的时候，虽说田庄台的私人商铺都已渐被取缔，或者"公私合营"化了，然而数代人经商所攒下来的"家底儿"仍然存在，也仍然能从各家各户的家居摆设中很容易地识别出来。没有这种家族经历的"新贵"或"新富"是没有这种"家底儿"的，即便是下大力气置办起来的家具里也很难有八仙桌的立足之地，而只能是"组合柜"或者"高低柜"，毕竟时代的风气已迥然不同。至少我家是没有的，我父亲是贫农出身。

让我念念不忘的，还有老李大娘家的那只挂瓶。

现在想来，那是一只粉彩的瓷瓶，规格不大，前鼓后平，后有挂孔，能挂到钉子上。那些年它总挂在老李大娘家的西墙上，瓶口插着一只挺好看的鸡毛掸子。我每去都会仰头张望，甚是喜欢。之后漫漫数十年，我始终从事着与文物相关的工作，却也一直不曾再见这种形制的挂瓶，这使我对老李大娘家的"家底儿"，以及老李大爷的祖辈，更增了一分敬意。

近年每逢春节，老李大娘的儿女还会常来探望我父亲，有一回巧遇了她家的老丫头，我还特意问起了当年的那张八仙桌。她吃惊地睁大了眼睛，说大哥你还记着哪？别提了，后来那桌子就晃悠了，就挪仓房去了，仓房潮啊，弄得桌腿都烂了，就劈巴劈巴烧火了！

再问挂瓶，她更惊讶了：大哥你若不提，我都忘了！

见此，我就没再问那两把太师椅。

八仙桌和太师椅现在又渐渐受宠了，却也并非谁家的"家底儿"了。

八仙桌，现藏于盘锦市文物中心

13　躺箱

　　老李大娘家的躺箱是贴着字的，红纸墨字，好像是"福"字，贴在箱子里头的后壁板上。不知啥时候贴的，都有点儿褪色了。当年老李大娘正翻腾着躺箱找围脖，想让我母亲见识见识，说是新织的三色围脖。箱盖这么大敞开来的时候，我就看见了。

　　此刻，当我写下这个题目之时，想确定一下给躺箱贴字究竟是老李大娘家的个例，还是普遍的风俗，就询问了热衷于老物件收藏的义县的赵伟。赵伟狐疑地说杨老师啊，我还真没听说过这事儿。撂下电话我叹了口气，我想赵伟还是太年轻了。

　　在早年的家居摆设里，躺箱算得上是大件了。

　　这件家具也叫"大柜"，或者"地柜"。那是一种长方形的木制柜子，上有掀盖，前有铜锁片。基本有大小两种规格。大的长度在 1.5 米以上，硕大的黄铜锁片镶嵌于中间，能置挂锁，就跟老李大娘家的似的，非常气派。高度有 85 厘米的样子，并有四足，这使它可以直接撂在地上。小的长度在 90 厘米左右，高度约 60 厘米，往往成双捉对地出现，放置的时候一般也要在箱子下面搪块隔板。

　　我家住在大洼县清水农场的时候，我在很多人家都看见过这两种形制的躺箱，箱盖上大多放着一只狗头凳，凳子上放些雪花膏、蛤蜊油等日用小件。不放狗头凳的，就放两只帽筒或者大瓷瓶，瓷瓶有青花的，也有粉彩的，里头插着鸡毛掸子，帽筒则通常是空的。还有的人家会把一面大镜子立在躺箱之上，是直接立在箱盖上，而不是挂在墙上。后来知道那种镜子叫"插屏镜"，底座通常是红木的，有这种摆设的人家，过去肯定是富户。

　　还有一些人家，会在躺箱下边用按钉按上一条花布，或者干脆用小钉子钉上，以遮挡躺箱与地面之间的空隙。然而每日里扫地的时候，为避免起灰扬尘，往往还要在地面上淋些水，淋水之际就很容易把灰点子溅到那

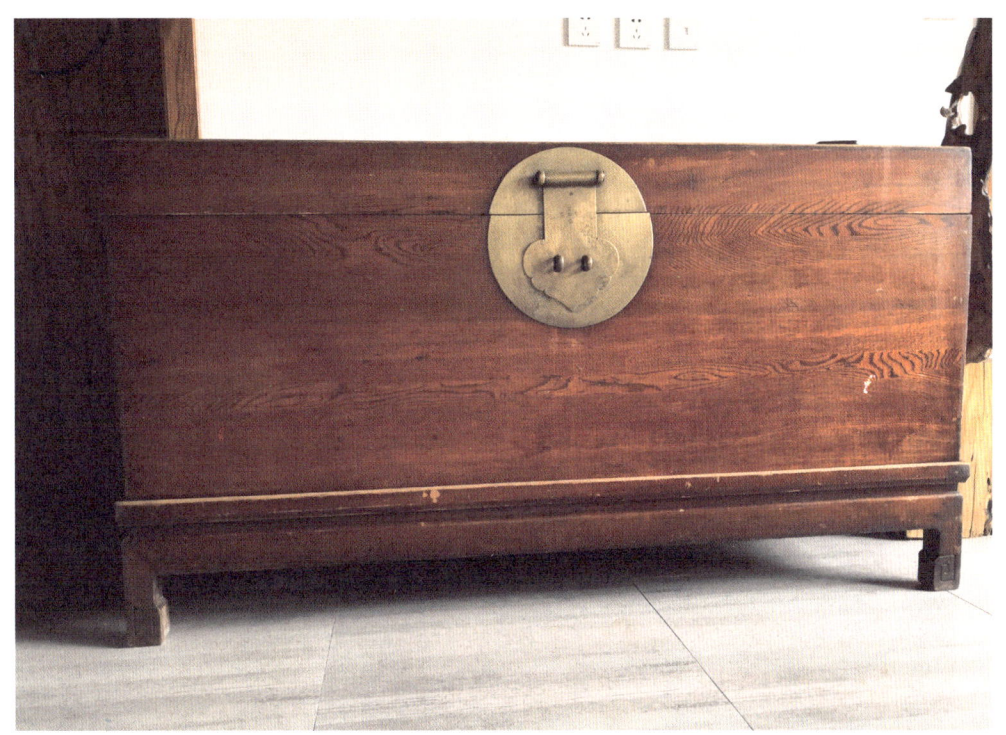

大号躺箱，现藏于荣兴稻作人家民俗文化村

条布上去，日子久了，那条布也还是花了。

作为中国的传统家具之一，躺箱在家居中的地位是稳固的，尽管在尊严上不及八仙桌，实用性方面却堪称第一。它在房间里的位置也是稳定的，轻易不会移挪。

躺箱的容量很大，十分能装，实际上也什么都装，至少老李大娘家是如此。不过老李大娘是个立整儿人，衣服裤袜、被里被面、新旧棉花等物件，她都会事先分门别类地用不同花色的包袱皮包了，再装进躺箱，一只挨一只，一层摞一层。逢年遇节收到的糕点糖果等好嚼货儿，通常也会放进躺箱，再锁上挂锁，以此防范孩子们的盗食。

不上锁的人家，躺箱也会成为家人公用的"藏宝"之所。那时候各家

躺箱，现藏于盘锦市文物中心

　　各户的孩子都挺多，四五个，六七个，都是常见的，其中格外有心眼儿的那个，见园子里的柿子已半熟了，就会抢先摘下来，偷偷掖进躺箱的某个衣服包里，等捂上几天熟透了，再悄悄地拿出来独食。让柿子自然成熟在枝头是令人放心不下的，那样的话及时摘到的就未必是自己了。屡屡被这么利用的躺箱，掀开箱盖的时候，通常都会散发出一种食物的香味。

　　不过这并不意味着躺箱之中就无金贵之物，实际上很多家庭的细软、现金等贵重物品也都放在躺箱里，只不过是放在最难翻寻的最底层。

我母亲的祖上是清末从山东逃荒过来的，兄弟四个结伴而行，还各带家眷。行至山海关，因出关受阻不得不分散开来各寻出路。前路茫茫，又不知何日才能相聚，便将一个手摇小石磨凿成了四瓣儿，哥四个一人揣一瓣儿，这才散了。我母亲的祖上是老三，最终落脚在二界沟，属于他的那瓣儿小磨就始终拿一块红布层层裹着，掖在他后来置办下的那只躺箱的最底层的一角，准备着自己的后人与兄弟们的后人哪天能够幸运地相逢并相认，而今那躺箱已传了几代了，仍置于二界沟我表兄的家里，那瓣儿小磨也仍被掖在那个角落里。

不知道老李大娘家的那只躺箱今在何方。

14 相镜子

关于"相镜子",简明的说法是"一种装照片的镜框"。

却也不是很精确,因为这样一来就把它等同于了影集。实际上两者存在着本质的区别,影集的功能是收纳照片,相镜子的使命则在于展示照片。

我小的时候,几乎每家每户都有两大可供观瞻的东西:一个是年画,另一个就是相镜子。这意味着你每到一户人家,哪怕是初次造访呢,也尽可以大方地观赏他家的年画和相镜子。这样的举动完全没有窥探的失礼之嫌,如果你看得兴致勃勃,主人还会深感高兴,若是有暇,还会站到你的身旁,指点着相镜子里的一张张照片,告诉你这个是谁,那个又是谁,分别是哪年哪月在哪儿照的,包括一些拍照过程中的小花絮,都会毫无保留地透露给你。

将照片装进影集,很大程度上只是为了收纳,避免散乱遗失,所以操作之时往往包容了全部照片,充其量做些分类,并不会涉及取舍。装满了照片的影集往往也要收入柜中,若非亲人密友,很少有谁会把它拿出来给人翻阅,即使给了,也会有所选择,或者说有所保留。

将照片装进相镜子,却就是为了给人看的,展示的意图十分明朗。

入了相镜子的照片也都是经过主人审慎筛选的,益于示人是顶顶重要的取舍标准。装好了照片的相镜子,也要堂而皇之地挂到墙上,且普遍是人来人往的堂屋中最显眼的那面墙壁,一般是在八仙桌或者躺箱的上方。如果是两个长条形的相镜子,中间还会再配上一块大镜子,总之会尽可能使之更耀眼,更醒目。被来人看见,是相镜子的核心追求。

那时候我每到同学家去,都特别爱看相镜子。通过同学的讲解,还觉得那里面的每一张照片几乎都包含了一个故事,一个个故事串连在一起,就十分有趣了。几经羡慕之后,我也到底用了一个下午的时间,在家里翻出了所有的照片,待父母下班回来,就央着他们也弄两个相镜子。

相镜子，现藏于荣兴博物馆

　　父亲很快帮我落实了，母亲把其中一个全装了我的照片。

　　当年我父亲经常出差，而且颇受"行万里路，读万卷书"这句老话的影响，于是每次都尽可能地带着我，这使我五六岁上就已坐过了很多次火车，去过了北京、保定等城市。每到一处，父亲都会花钱给我拍些照片，几年积攒下来也就很可观了。多年后我发现，凡是我这个年龄段的人，通常都有着相同景点的照片，比如北京动物园的一只梅花鹿的标本那儿，沈阳北陵公园陵寝门口的三龙戏珠那儿，因为当年只有那些景点才有人收费照相，在别处即使想照也是没有可能的。

　　照完后留下地址，等着照相馆寄过来。

　　记得我在北京动物园照的那张相片，还与河北一个男孩儿的寄混了，我们双方的父亲便又寄回去，再由照相馆给调换过来。这使我看到自己站在梅花鹿旁边的那副模样时，已是一个多月以后了，而且我至今还依稀记

笔者儿时照

得那个河北男孩儿的模样，因为我在拍照的时候，他也正在人群里排队等候，也是由父亲带着。

令人难忘相片的还有一幅，那是我和梁刚的合影。

梁刚是我的发小，也是我的同学和好友。我俩三四岁的时候，他母亲和我母亲某天就抱着我俩到了田庄台照相馆，在那儿照了两张合影，一张笑着，一张没笑。笑着的那张被照相馆给放大了，放到老大，陈列到了橱窗里，展示了足足三四年之久。或许这也是为人母的一份荣耀吧，这张照片也始终很受我母亲和梁刚母亲的喜爱，以致一直珍藏着。不过前些日子我翻找的时候，却意外地遍寻不见，只找到了没笑的这张。

母亲给我装妥的生平第一个相镜子里，也有这幅照片。

那时候的相镜子和年画一样，一年一更新。

可供更新的照片虽然相对如今而言少得可怜，但在筛选上仍颇费周折。

到底选妥了，排布之时也还需好一番踌躇，既要考虑照片中人在家族中的身份，又得顾及照片的尺寸、版式，甚至人物的大小、姿态、表情等各个方面，哪一点照顾不到都会有失协调。美学范畴里的主从、对称、呼应、统一等原则，就这么被我们在相镜子的照片布局中无师自通地运用开了。从这点来讲，没准人人都是天生就有着一些美学素养的。

此刻想想，或许将"相镜子"定义为"一种展布照片的镜框"更为妥当，至少区别开了影集。其实影集也眼瞅着就要沦为"古董"了。令人深感奇妙的是，虽说相镜子早成过往了，人们却再度蓬勃了展示照片的欲望，展示在"朋友圈""抖音"等应用里，受众显然还更为广泛了。不过两者的区别也是显而易见的，最打眼的一点是失真程度上的差异。

我现在的居所，严格来说仍是有相镜子的，只不过展布之法发生了变异，不再是密集的照片集于一框，而是一框只裱一幅照片了。至于那"展布"的愿望，应该还是相同的。

15 烙铁

我记忆里的熨斗不叫"熨斗",而叫"烙铁",模样也跟现在的熨斗大有不同。它是一块等腰三角形的铁疙瘩,尖头朝前,后边拖个细长的手柄。手柄也是铁的,拿起来颇为不便,还导热烫手,我姥姥就翻出一根长长的布条把它层层缠了。

那是冬天,炕上的火盆也炭火正旺。

姥姥把烙铁埋进火盆,过一会儿被炭温热了,就拿出来用。姥姥也不是拿它烫衣服,而是烫鞋帮,确切说是烫鞋帮的接缝儿,在脚后跟那儿。姥姥正在给我做鞋子。

迄今的考古发现已经表明,作为一种日常用具的熨斗早在汉代就已出现,到魏晋南北朝时期差不多已跟捣药缸子一样普及了。也有人说在更早的商周时期熨斗就有了,不过那时候还拿它做刑具呢,可能是用来给犯人烙记号的。

我相信这个说法。

我揣测熨斗还是刑具的时候,应该就长得跟烙铁似的,因为烙铁属实很有刑具的"范儿"。尽管两者相隔 3000 多年,却仍然连着相,这应该缘于时间的不平衡,农耕时代的时间与电子时代的时间完全不是一个概念,前者所能导致的变化实在太有限了,实际上今天的农用犁杖也跟商周时候的很相近呢。

我记忆里最早的熨衣服,也不是用的熨斗。

那时候我家正以"五七大军"的名义住在大洼的清水农场,我在邻村三家子学校上学,不怎么敢支棱,一支棱就有同学拿小话儿磕打我,说你支棱啥呀,你爸是"走资派"你不知道哇?回家我跟父亲说爸你为啥要当"走资派"啊,你就当个贫下中农不好吗?我父亲咧嘴苦笑笑,说不出啥来。

我意识到了我跟别人的不一样,"走资派"是一条,衣服也是一条。

熨斗，现藏于盘锦市文物中心

　　同学们的衣服都有补丁。

　　我便央咕母亲把我的衣服也弄上两块补丁。我想跟别人一个样。

　　母亲掂掇来掂掇去，把两块补丁落实到了我的裤子上，在膝盖那儿，一条腿一块。拿手针缝的，缝完了，炉子上的水也滚沸了，母亲就把水倒进了一只搪瓷缸子，再拿缸底在补丁上来回磨蹭。我说妈妈你干啥呢？母亲说熨一熨，平整平整。

　　两年后我们举家迁回盘山城里，我才在一位老兄那儿见识到了真正的熨斗。

　　那位老兄是一个小五金商店的店员，家里有多病的寡母和两个上学的

弟弟，生活挺困顿的，也看不出有啥改善的希望。不过他很爱干净，家里
收拾得干净，自己收拾得更干净，每天站到柜台里都是利整的，也由此成
了那店里最醒目的一个存在。

　　当年我常去他家找他弟弟玩，也常常会撞见他熨衣服，熨裤子、衬衫
啥的，连袜子他都熨，直熨到一个细褶都没有。他用的是一只铁熨斗，形
状和后来的熨斗很相像，但规格稍小，也更沉，通电的。坏掉的时候他自
己就能修，我也碰巧见过里头的电阻丝和一种什么芯片。后来，20世纪
90年代的时候，这位老兄跳槽到一家私企当了高管，听说挖他的老板就是
他原来的老主顾。

　　等我也知道赶时髦的时候，曾在街里寻了一家裁缝铺，做了一条喇叭
筒裤子。我在裁缝铺里见到了一种新式熨斗，也是通电的，却没那位老兄
的那么沉重，尽管规格上还大着许多。这种熨斗能自个儿吐蒸汽，供应的

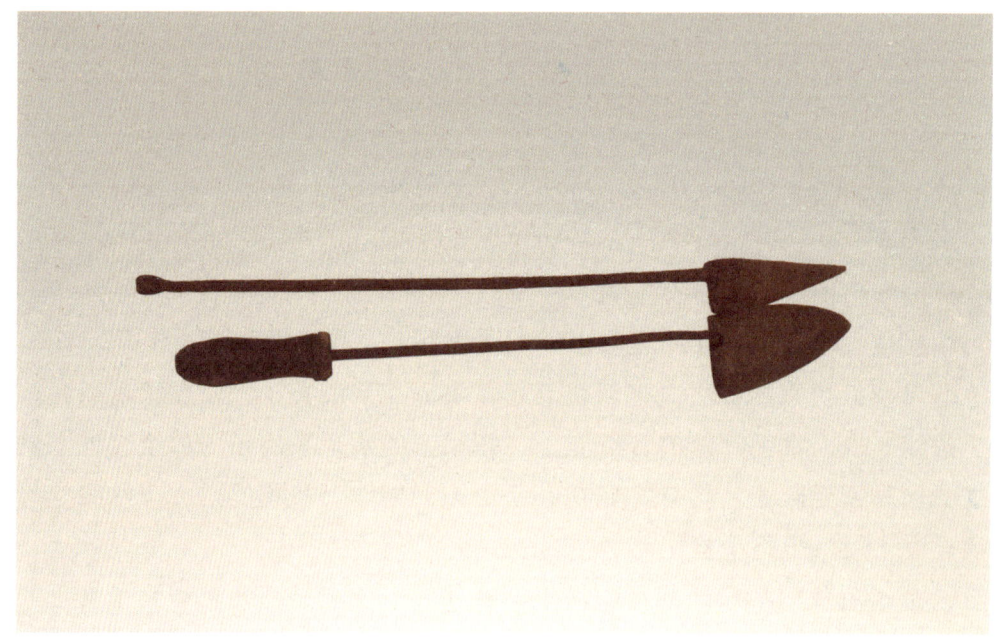

烙铁，现藏于荣兴博物馆

水用一只一尺多长的白塑料桶装着，吊在半空。一根胶管导水，一根电线通电，那熨斗就拖了两根线在作业，看起来很复杂，也显得专业多了。

到我妹妹也开始熨裤线的时候，我发现她的电熨斗已是自己就能装水的了。而且还有了专用的烫衣板，裤子铺上去，刷刷几下就烫好了。这比当年那位老兄的操作省事多了，那位老兄的辅助用具只是一种自制的垫子，像抱枕似的，不过里面装的是锯沫子，规格也太小了，得一点一点地倒着用，衣服完全伸展不开。

然后，许多年过去了。

那天我去看小孙女，见儿媳妇也在熨衣服，却没用烫衣板，衣服就那么挂在那儿，围着转一圈就烫好了，手持的家伙什应该也叫熨斗，也出蒸汽嘛。不过儿子说老爸那不叫熨斗了，那叫挂烫机，也叫蒸汽刷。我再扫了眼，又觉着它长得颇像浴室里的水喷头。

同样穿越了光阴，我越来越老，熨斗越来越潮儿。

记得母亲给我制造的那条带补丁的裤子我连天穿着，以至于一条裤腿的膝盖果真破掉了。我便把破掉的补丁扯了下去，另一条腿的虽说没破，却也扯了，为了对称。不过仍然发现这条裤子很难再穿了，因为补丁处的补丁虽没了，露出的裤子本色却又太新了。

我那条喇叭筒裤子则早已不知去向，尽管也曾穿着它狂气了很久。

那位因熨斗而改变了境况的老兄，前年去世了。我本已忘了他，可昨儿偏偏又接了个远方友人的电话，说我这儿急着找他呢，他咋总关机呀……

熨斗是有着前世来生的。

我祈愿人也有。

16　棒槌

　　近些日子在参与荣兴博物馆的建设，忙叨得乐呵。那天在库房筛选展品时，不期然看见了一对棒槌和一块棒槌石，竟像所有攒了一把年纪的人那样，瞬间想起来许多往事。

　　我认识棒槌，还是家住田庄台的时候。

　　那时我母亲常常要在洗完被褥之后，再用不多的大米，加顶多的水，熬出一大锅米汤来，然后把晾干的被里褥里啥的浸进去揉搓，翻来覆去像揣面似的。揉扯够了，再挂到院里晾着。晾干后母亲还会端出一碗水来，一口口地含了，喷向那些被里褥里，喷得像细蒙蒙的雨雾，那原本硬梆梆的白花旗布接了，就慢慢地潮了，也软乎下来。这时候母亲就要喊我过来帮忙。我虽只有六七岁，却是她的长子，父亲不在，可求帮的也就只有我了。

　　这活儿是我最爱干的。

　　一块被里四个角，一人拽两个，然后对角地来回抻拽，每拽一下都嘭嘭有声，这也是我最爱听的声儿。布面上的褶皱，以及晾晒时兜出来的鼓包，就都这么渐渐平整了。有时也会抻秃噜了，或者手没拽住，或者用力过猛，掉了个角，就紧着拾起来，怕弄脏了。一块块喷完抻完，再一块块叠成细长条，叠成棒槌石的大小。这是预备着拿棒槌捶了。

　　我家没有棒槌和棒槌石，母亲便每每都要带我去老李大娘家。

　　我家住在老黄家大院，出来右拐，南行，沿街会依次路过田庄台医院、老郝家大院、田庄台冰果店，都是别致的老建筑，前者也是我母亲工作的地方，我经常到那儿去玩。现在这些建筑都没有了。然后就到了老李家大院。那是老李大爷的祖上留下来的，正房七间，东西厢房各三间，前有大门洞。老李大娘家住正房东侧的两间。外屋与里屋用木板做了间壁墙，田庄台人都管那叫"栅板"，很气派。房间的进深很大，够宽敞。

　　老李大娘从墙角搬出棒槌石，摞到炕边，母亲把一块被里铺上去，就

棒槌及棒槌石，现藏于盘锦市文物中心

操起两根棒槌捶起来。她俩换班捶，边捶边打唠，都能捶出点儿来，梆梆梆，梆梆梆，梆梆梆梆梆梆梆，像秧歌调。我喜欢看这场面，也喜欢听那声音。有时候碰上谁来串门，也不耽误唠嗑。要是来人挺好事的，还会指着老李大娘家的二丫头，追着我说你俩是指肚嘎亲你知道吗？我说不知道。老李大娘家的二丫头我叫二姐，虽然大我四五个月，却也说不知道。上了小学后，我俩才都明白是咋回事了。

　　原来我母亲怀我的时候，老李大娘也正怀着我二姐，而我父亲和老李大爷正在二界沟公社搭班子，一个任书记，一个任社长，两家人还邻居住着，常围一桌吃饭，吃着吃着就也学着古人的样子，把我和我二姐互相许给了对方。明白后我二姐就不肯理我了，我每去她家找二哥玩她都不高兴。赶上吃饭，见我专掰苞米面大饼子的壳壳吃，她还凶我，说要吃你就全吃了，你那不是祸害人吗？老李大娘每每都护着我，说你让他掰吧，剩下的我吃。

棒槌及棒槌石，现藏于荣兴博物馆

她就更气我了。

一家人的被褥，得一个多小时才能捶完。后来我想幸而那时候我俩都还不懂，否则我可有罪受了。

印象中老李大娘家的棒槌石是青石板的，质地细腻，很光滑。那对棒槌挺沉实，色泽也挺深，想来应该是色木的。这是与我一起整理展品的老兄马龙海告诉我的，他说辽河口这一带的棒槌通常只有两种材质，一种桦木的，一种色木的，桦木的发白，色木的色深。色木学名地锦槭，以质地坚硬细密又富有光泽著称。

我家在田庄台住了七年，之后搬回了盘山。回盘山后母亲不再浆被里了，也就再没见她用过棒槌。这或许也是生活条件有所改善的缘故吧。人们浆被里的初衷，在求其结实耐磨和密实压风之外，更为了使下一次的清洗能容易一些。那时候家家弄点儿热水都挺困难，往往一年到头才能洗上一次被褥，油垢肯定多。被里若浆过了，油垢就会挂到布丝里的米汤上，洗时拿温热的碱水泡了，差不多就下来了，不至于滞死洗不净。不愿这么脏着一整年的，也会在被子上端再绷一条花旗布上去，三尺来宽的一窄条，方便拆洗，这叫"被头"。也有拿白色长毛巾充当"被头"的，那得是好人家了。在既有的条件下，为了将日子过得体面些，我们的母亲们实在想出了数不尽的好点子。

如今，母亲和老李大娘都已不在了。

老李大爷也随后去了。

我二姐后来找了个很厉害的二姐夫，当过兵，俩人过得非常好。

眼下只有李家二哥还住在田庄台。不确定那块棒槌石和那对棒槌还在不在他家，能确定的是他肯定也和我一样，还依稀记得那捶被里的声音，或者说乐音。

中篇·屋里屋外

我纳闷这节头是咋来的
大妈说那不是织出来的
那是纺线的时候就纺出来了
没有好线，哪有好布呢

01 纺车

那年我六七岁的样子。

父亲说，我得带你回老家看看。

我是父亲的第一个孩子，又是男孩儿，自然领受了父亲爆发式的父爱，待弟弟四年后出生，所余已是有限，以致他至今还偶有抱怨幼时的被忽略。这或许也是天下间所有次子的心病，且注定无药可医。

从田庄台到盘山的公共汽车是一辆解放大卡车，车厢上焊接了铁架子，罩了层军绿色帆布，就成了一个大篷车，上下车都得踩梯子，也是铁制的。这种公共汽车在我眼里又高大又气派，攀上去很是令人兴奋，因为那年月还满眼都是大马车呢。篷内靠边放着两张长条凳，早来的人有的坐，晚到的人只好站在长凳中间，手抓头顶上的铁栏杆。

全程都是砂石路，颠簸地走了两个多钟头，后来方知那原是沟营铁路的旧路基。其实这速度也不慢了，眼下至少也要一个小时。在盘山客运站下了车，距老家还有十一二里地，我们爷俩儿是徒步走过去的，又花了两个多钟头。

老家的村名很诡异，叫"么路子"，时归渤海公社前么大队，今归双台子区。我父亲就是在那儿出生并长大的。来到大爷大妈家，屋里没人，我们便外头去找，见大爷大妈都在房东头的园田地里摘棉花呢。前几天我特意问了父亲，得知大爷家的房东头原是一块碱巴蜡地，不宜种庄稼，种了也没啥收成，就全种了棉花，棉花也长不高，但总归是株株都结了些棉桃。

大爷大妈的身上都罩了一件藏青色的大围裙，前面缝了个硕大的口袋，各自用两手忙着摘棉桃，边摘边往口袋里塞，塞满了，就回院里卸货，卸在十多个大盖帘上，再一朵朵摆开去，让它们在秋日的暖阳下晾晒着。那盖帘是秫秆也就是高粱秸串的，比摆饺子的那种大老多。几个回合下来，那块地里的棉桃就被他俩摘净了。

纺车，现藏于盘锦市文物中心

　　两三天之后，可能是棉桃晾干了，大妈就逐一清理了棉籽，开始弹棉花，弹成一片片的，再用酱秆卷上。"酱秆"就是高粱秸的梢头，光滑无节，不会勾扯了棉花。卷成大小差不多的棉团，再抽出酱秆来，就得了一个空心棉筒，半尺来长的样子。卷出来一大堆棉筒。

　　再次日，大妈就上了炕，手摇纺车和那大批空心棉筒也都上了炕。然后，她嘴叼大烟袋，一手摇纺车，一手捋棉花，就沙沙沙地纺出了一条棉线来，还越纺越长，一会儿就将那锭子缠绕得肥肥满满的了。

　　那是我头一回见到纺车，也是头一回见识纺线。

　　我觉得新鲜，就忍着烟呛，也坐到了炕上，一边有一搭没一搭地应着大妈的闲话，一边细细看着她的操作。大妈抽的烟叶叫"蛤蟆赖"，也是园子里自己种的，叶子老大，晒干后就打成卷了，抽出来的烟气很呛人，辣齁齁的。我的叔伯兄弟们都不愿陪我看这个，就陆续跑出去玩了。

很快我就知道，他们是早已习惯了这个场景。

大妈家西院是二奶家，后院隔道相望的是二大妈家，再后面的西北方还住着我老奶家，家族中人都管那儿叫"后店儿"。父亲说你老奶家早年是开大车店的，又住在众亲属家的后头，她家也就被叫成了后店儿。这几个亲戚家，父亲也都带我一一探望过了，我见家家都是这个景象。也就是说，我的二奶、老奶、大妈和二大妈等，在这个季节里，每天的主要作业都是坐在炕上纺线。其中二大妈家孩子多，房是三间筒子房，灶房开在东头，西头是两间连着的一铺大炕，当二大妈也在炕上这么铺排开的时候，气象还要更壮观些。

后来，见了宋朝王居正的一幅名叫《纺车图》的风俗画，方知此情此景已在中华大地绵延了千年之久。再后来，则知作为一种纺织机械的手摇纺车，早在战国时期就已有了。那也就意味着两千多年前的中国妇女们，就已经在这么干了。

纺成线做啥用呢？

父亲说织布哇，看见你大妈的围裙没？那就是拿这线织的，叫家织布。

如今，么路子村尚住着我的几个叔伯兄弟和姐妹。二奶、老奶、大妈和二大妈也是在的，在那片俗称碱巴蜡的黑土地里。那片土地早已不种棉花了，改种了水稻和柿子，并以碱地大米、碱地柿子之名，在世面上很出了些风头。不过我心中关于这片碱土地的风俗画，仍然还与那幅《纺车图》差不多，想来这也是无药可医的一种心病吧。

02　织布机

我头一次见到织布机，是在后店儿的老奶家。

我大妈和二妈家好像都没有织布机，纺完了线，都要拿到老奶家去织布。我跟大妈去过，也就得以见识了。

记忆里老奶家的织布机似乎更粗糙一些，远没有如今荣兴博物馆馆藏的那辆规矩，尽管构造应该是一致的，却不知为何就在我心里留下了简陋的印象。再想想，觉得或许与环境有关，同一件物品置于不同的环境里，带给人的品质感是会有差别的。

老奶是个小脚老太太，走道却很麻溜，织布更麻利，把线梭子扔得嗖嗖的，特别快。我不错眼珠地盯了许久，觉得十分有趣。我发现那是一项需要手脚并用的劳作，两手一推一拉、两脚一抬一踩的，手脚配合得越默契，织得也就越迅速，显然是个熟练工种。

后来，从大妈的言语当中，我才渐渐发觉我领悟到的只是表面。

在大妈看来，织布，确切说是织出来的布，也能折射出一个女人的性情。一个女人要是事儿多矫情，她织出的布肯定是疙里疙瘩的，这儿一个那儿一个的全是节子。反之，一个女人要是通情达理，她织出的布肯定就是平平整整的，咋看咋顺眼，摸着穿着也都舒坦。

我确定大妈影射的不是老奶，也不是老奶的两个女儿，因为她们娘仨织出的布每每都会令大妈赞不绝口。应该也不是二奶，二奶若是那样的性情，应该没可能跟大妈走那么近。

我知道大妈对二大妈织出的布颇为看不上眼。

实际上经大妈这么一点拨，我也认真地瞅了瞅二大妈织出的布，发现确实有很多节头，摸上去硌硌棱棱的。我纳闷这节头是咋来的。大妈说那不是织出来的，那是纺线的时候就纺出来了，没有好线，哪有好布呢？

老奶家的织布机，若追根溯源的话，应该出自黄道婆的定型。

织布机，现藏于盘锦市文物中心

　　黄道婆是中国历史上杰出的棉纺织家，据说在宋朝末期出生于上海，十几岁时流落到海南岛，向当地的黎族人学会了一整套植棉、纺棉的高超技艺。到元代，业已人到中年的黄道婆返回故里，将棉纺织技术传播开来，并改良了织布机等纺织工具，从而奠定了中国传统纺织业的基础。黄道婆至今还为后人所缅怀，2018年我去海南的时候，就曾见过她的塑像。

　　在我频频逗留于老家的那两年里，我见识到了从种棉、采棉，到纺棉、织布，再到染布、剪裁、制衣的整个过程，这不仅在我幼时的心里留下了深刻印记，而且使我萌生了对中国女性最初也最由衷的敬意。我觉得中国的女性真是了不起的，尤其是我们的母亲这一代及其以前的那些女性，她们大多过着一种真正的自给自足的生活，那样的生活当中既蕴藏着无限的勤勉、智慧与耐力，又含蕴了诸多细微的尘世哲理，越品越有滋味。

解放前的老盘山县志上说，人们将用本地棉、旧式机织成的布匹称为"家织布"，或者"粗布""土布"。其实那个时候"洋布"已经出现，"土布"的概念应该就是相对"洋布"而言的。不过绝大多数的乡下妇女仍然在接下来的很长一段时期里，得靠自己织布来应对日常所需，她们买不起，同时也觉得买洋布不够经济，既花了钱，又不如土布结实。

即使偶有不在乎这两点的人，也很难买到洋布，因为那时候想从乡下到街里走一趟实在太难了。比如我老家么路子，虽然到盘山街里不过十多里的路程，在当年却是一段令人惆怅的距离。不便花钱尤其没啥钱可花的乡下人，也就只好将老辈儿的自力更生顺延下去。

不过大妈她们染土布用的染料是必须要到街里买的，而那往往也是托人带回来的，她们极少有自己去的。实际上我老奶一辈子都不曾去过街里，对"繁华"没有丝毫概念。

我老奶不仅织布在行，裁衣也很有章法，尤其以那种老式的偏衿罩衫最为精到。我也见过村中小媳妇拿着块洋布找她裁"娃娃服"或"布拉吉"，她虽对这种布料和这两款衣服都深感陌生，却也能二话不说地照样裁出，缝好后还跟一个模型打出来的似的，完全不走样。

老奶那一代人及其以前若干代人的生活，真的很了不起。

却也彻底结束了。再见手工织布的场景，已基本全是在景区，那只是为着展示传统文化或者给游人提供一个拍照的小景点。织出的布也往往是出售的，以"艺术品"的名义。

03 锔匠挑子

如今我父亲92岁了，跟他孙子说话越来越觉困难，比如说你那新房打算添个啥样沙发呀？他孙子说得淘个网红款的。见老爷子拎了这几个字眼在那儿细核计，他就不怀好意地哧哧笑。我就想啊，若把这小子扔回他爷爷或者我儿时的那个年代，也就有他咧嘴哭的了。

我六七岁的时候，父亲被下放到田庄台，我家也就从盘山县城搬了去，被分配到一个大院里，人称"老黄家大院"。老黄家人都去哪儿了？我似乎问过，却没得到答案。

老大的一套院子，前后左右全是房子。院门朝东，临着一条南北走向的路，还是田庄台的主干道，这大门洞就特别宽敞，还荫凉。时值盛夏，院里的住户都会凑到大门洞去打唠，有的闲坐在小板凳上，有的则是边打唠边织席。街上过往的小商小贩大多也会在此驻足，一边朝院里高声吆喝着，一边撂下担子喘口气。

我生平所见的第一个锔匠，就是这么出现在大门洞的，并被邻居刘大爷家的大姐给唤进院来。院里也极宽绰的，院中心竖着一根电线杆，杆上拴着一只电灯泡，住户们每晚也都会渐聚到这里来，继续日间的话题和席片。

全副武装的锔匠就在那暂时空着的场上卸下了装备，并按刘家大姐的指点将一只水缸挪了过来。那水缸的口沿掉了一大块碴子。刘大爷家只刘大爷一人上班，却要养活七个孩子，老伴又双目失明，生活也就一向俭朴，破掉的水缸也得补。我们这群孩子虽不知锔匠到底是干啥的，却见着好奇，就将他团团围住，我也才第一次见识到了"锔活儿"。

锔匠身上套个大帆布围裙，脏得都看不出颜色来了，自带小板凳，坐下后还在膝上又垫了块乌漆麻黑的油布，这使他整个人看上去都灰蒙蒙的，就像我儿时的记忆。他先清理了大缸及缸碴的碴口，然后用一种工具在上面分别钻眼。现在知道那件工具名叫"杆钻"，也还知道其锋利全仗那金

锅匠挑子，现藏于盘锦市文物中心

钢的钻头，当时却只觉得极神奇，眼睁睁看着他拿那么一把模样像弓的东西，哗哗哗地来回转，竟然很快就在那厚厚的缸壁上钻出了眼来，一个接一个。全部钻好了，他燃起了不大点的小烘炉，并在砧板上剁出了几个大小相应的铁块来，慢慢地将其锻炼成钯锔子。最后将钯锔子一个个妥帖地安顿进缸及缸磕的钻眼，那缸就补好了。

我不大相信那缸会不漏。专意等刘家大姐往缸里挑满了水，就趴到缸上左瞧右瞧，竟还真是不渗不漏。心下不由对那锔匠腾起了饱满的敬意，甚至觉得他好神秘。他在做这活儿的过程中不急不迫的，时不时还会有一搭没一搭地喊上两嗓子——锔锅锔碗锔大缸嘞！与其说他是在招揽活计，莫不如说只是出于惯性。

刘家大姐出去挑水的时候，锔匠就缓缓地拾掇战场，三担水挑下来，他已收拾妥了，一袋烟也差不多要抽完了。待刘家大姐验货认可并结了账，他就挑起挑子缓缓地踱出院去。我将他追到大门洞，还瞅着他上了道，见他的挑子前头还挂着一面小铜锣，缀着两个小小的铁疙瘩锤，挑子随着他的步履颤颤悠悠，小疙瘩锤也就随之与铜锣碰撞出一串串叮当叮当的声响，在那条临近傍晚的热闹大道上见缝插针地弥散开去。

院里，刘家大姐开始做饭了，还是铁锅贴苞米面大饼子。由于刘大娘患有严重眼疾，刘家大姐早早就承担了家务，一天书也没念过。开饭时我也跟着蜂拥进屋，去抢那大盖帘上摆着的大饼子。我喜欢刘大爷家的热闹，我家只仨孩子，且弟妹还小，总是热闹不起来。多年后刘家兄弟跟我说，你说你那时候总上我家蹭饭去，你吃的可都是我们的口粮啊……

父亲说当年你刘大爷还是田庄台房产公司的领导，日子却也过得难呢。

我说也不知道刘家大姐现在怎么样了。

儿子说老黄家大院到底有多大？

我说没多大，也就住了十四五家。

见那小子瞠目结舌，我也不怀好意地笑了。

图中这副镐匠挑子的扁担是竹制的，有一个相当优美的弧度，弹性仍然极好。两只箱子的木质已有点疏松，小板凳的凳面却依旧光洁，小风箱上的铁制把手也还不失精致。作为一种时光的遗留，镐匠挑子折射了不同时空中的寻常民生。

04　草袋车子

栖居在老黄家大院的十四五户人家里，夫妻两个都没有工作的有六七户。这样的人家就把副业当成了主业，得靠织席、打草袋子、打草绳等维持生活。

其中的一户姓王，住在大门洞南边的那间房子里，院里人通称"门房老王家"，很多时候还会简称为"门房"。比如问上哪儿去？答说上门房。就是指去老王家。

门房家只有一间房，不过进深更长些，也就比普通一间房的间量要宽绰。却也只有一铺炕，外加一个小小的外屋地。在这么个狭小的空间里，住了六七口人。纵然挤巴至此，也不曾影响一家人的编织，他家是大人孩子齐上阵，苇席、草袋、草绳全都干。

我家是双职工家庭，不必须干副业，实际上也没时间弄这个，所以我是个"闲"孩子，每天的事业只是玩。上别人家玩的时候，出于好奇和好玩，或者纯粹是为了让自己不讨人嫌，碰上活儿了都抢着干。

门房家有三个儿子，其中王老三略长我一两岁，颇和我玩得来。他没工夫和我出去玩，我就常常去他家，一边帮他干活，一边扯闲篇儿，或者听他父亲讲故事。他父亲口才很好，知道很多离奇的老事，鬼啊神的讲起来滔滔不绝，又有疾有缓，很招人听。他父亲还很会卖关子，每到饭点了，就说好了，先不整了，也不讲了，愿意听下午再来。

那时候家家的粮食都是定量供应，也就都不充裕，所以即使你在帮人干活，很多人家也不会留你吃饭。我就恋恋不舍地起身走了。紧跑回家，匆匆吃过饭，再紧跑回门房，接着听故事，也接着干活。

所谓的干活，通常就是搓草绳，用来缝草袋。

草袋车子只能打出草袋片子来，片子的两缘还都是毛茬的，得靠手工把边缘的经苇线编起来，防止散落，这个工序叫"拧边"。拧好边的草袋

草袋车子，现藏于荣兴博物馆

片子双折起来，就成了袋状。然后把搓好的草绳穿进大钢针，把两边缝合起来，才能成就为草袋子。

这三道程序里，用草袋车子打草袋片子是最吃力的，还耗精神头，需要集中注意力，使眼睛和手脚默契配合，而且梭子时刻不停地来回抽动，噼噼啪啪的，耳根子也不得肃静。这活儿通常就由每个家庭的硬劳力来干，门房家是王老三的两个哥哥干。拧边与缝合则是个细致活，需要点儿技术，往往都是家中老人来做，门房家是王老三的父母做。

这样就只剩下了搓草绳，就是把两根稻草分别接续下去，使之无限延长，然后再搓成一股绳。这活儿相对简单，王老三就被摊派了这活儿，我帮着干的也是这活儿。

我坐在他家的炕沿上，先搓出一段来，掖到屁股底下去压着，接下来再搓就有受力点了。搓出一段来，拿手从屁股后头往后抻一段，回头再搓下一段，如此循环。搓得足够长了，就盘起来，每盘大约像现在的小轿车的车轱辘那么大。

搓绳不大费力，但是磨手，搓一会儿手掌就会通红，还肿胀胀的，有时候还会搓出水泡来。不过我并不理会，趁回家吃饭的工夫拿针挑开，挤出水去，一下午的工夫也就差不多全好了，第二天照样搓。小时候这种类似的伤，似乎都好得很快，这很神奇。

那时候觉得草袋车子也很神奇，那么简单或者得说简陋的物件，竟然能把稻草编织成片，还编得那么紧实平整，很了不起。我问过王老三他父亲这车子是谁发明的，这么够劲儿！他父亲一边缝着草袋子，一边头也不抬地说是三个庄稼汉哪！

或许在他看来，三个庄稼汉也是能抵一个诸葛亮的。

老黄家大院的十四五户人家里，至少有八九户人家都有草袋车子，没职工的人家有，单职工的人家一般也有。那些没有的人家的孩子，也几乎人人都看过草袋车子的作业，并屡屡参与其中。对我而言，当时并未觉得烦厌，如今更是深感眷恋。

05　打绳机

老黄家大院还住着一户姓刘的人家，当家人叫刘占邦，是我父亲的好友，我叫他刘大爷。刘大爷家有五子二女七个孩子，只他一个人上班，生活不甚宽绰，所以家人也搞副业，打草绳是其中重要一项。

这种草绳也以稻草为原料，但不是手工搓出来的，而是打绳机打出来的。打绳机的构造也很简单，跟自行车似的有两个脚踏板，但并不像自行车那样转圈蹬，而是上下踩。这么一踩，轮子就转起来，能把不断续到两个"喇叭"里的两股稻草顺势拧成一股绳。"喇叭"就是白铁皮做的小圆筒，直径有大小好几种，径口越大，打出来的草绳就越粗。人们会根据所打草绳的规格来随时更换"喇叭"，具体啥规格则由收购单位做主，那是因草绳的不同用法而各异的。

作为一种纯天然无污染的农业加工产品，草绳的用途很多，至今也仍被频繁使用，比如捆绑树木，防冻又防水分流失；比如捆绑瓷器、机械及其部件等，防止在运输途中受到磕碰。这些应用通常不求草绳的强度，而只中意于它的环保、无须回收及低廉的价格。

辽河口一带水稻遍地，稻草也就特别充裕，打草绳便成了人们的普遍副业。打到一定的量就盘成捆，用手推车拉着送到田庄台土产公司去，那里有人验等收购。对草绳的收购一向论捆，而不是论米。这项收入虽然有限，却也成了刘大爷家的重要经济补贴。

刘大爷家的孩子都干这个，每天下午放学了，都是撂下书包就直奔打绳机，并不用刘大娘丝毫督促。那时候的孩子都知道过日子，也都知道帮父母分担过日子的累。

大眼儿是刘大爷家的老四，眼睛特别大，年纪比我长一岁。由于父辈的关系，我和大眼儿一直很好，我便也常常帮他打草绳。

这项作业通常需要三个半大孩子的通力合作，中间那个踩脚踏板，两

打绳机，现藏于辽河口老街

边一边一个往"喇叭"里续稻草。中间那个孩子的工作显然更为紧要，我就一度霸占了那个位置，不过干着干着就起高调了，会拼力把脚踏板踩得飞快，故意让在两边续稻草的大眼儿和他弟弟忙叨得满脑门子是汗。这让我每每都觉得很神气。不过偶尔大眼儿的弟弟到底跟不上了，就会将稻草续得断了溜，致使机器那头吐出了一截单股的绳子，害得刘大娘不得不把这截拆下来，再费劲巴拉地续一股进去，否则会影响收购之际的验等，而等级又决定着收购价格。

　　弄了这么两三回之后，大眼儿就很少再让我站到中间去了。

　　刘大娘也打草绳，还织苇席，但多数时候都是在孩子们上学后才干，等孩子们放学回了家，她就得紧忙乎做饭。刘家虽然也困难，却每每都要留我吃饭，大眼儿还生拉硬扯的。那我也轻易不肯，父母告诉过我别在别人家吃饭，说家家的粮食都不宽裕。不过碰上他家贴苞米面大饼子了，我

草绳，拍摄于荣兴稻作人家民俗文化村

还是会跟进屋去抢两个饼壳壳吃的。

　　秋天的时候，大眼儿还要出去割烧柴。

　　刘家很少买煤炭，更少买劈柴，引火做饭都尽可能地用自己备下的柴火，像打草绳淘下来的稻烂子、各处划拉来的锯末子和树枝子之类。秋天还会割取一些苇子、蒿子啥的，弄回来在院子里堆个小柴火垛，留着冬天徐徐地用。有时候我也会跟着大眼儿同去，披挂上镰刀和绳子雄纠纠地出门，刘大娘在后头紧追紧叮咛：把小琦看住喽，可别出啥事啊！

　　这是 1968 年的事。

　　之后，我父亲和刘大爷都成了"五七大军"，我家被下放到了大洼县清水农场，刘大爷家被下放到了盘山县喜彬公社。我和大眼儿由此失去了联系。再碰面，已是 1984 年。那年刘大爷因车祸去世，我父亲正出差在外，就由我去参加了葬礼，与业已成家数年的大眼儿两下相见，感慨无限。当年大眼儿在盘山县房产部门工作，我在营口市文化局工作，这使我俩此后也没啥联系。那时候的空间距离还是很难克服的障碍，也很令人惆怅。

2005年，我在盘山街里偶遇了大眼儿媳妇，惊闻大眼儿已走了几年，也是车祸。

此后的日子，每每看到打草绳的那种机器，我都会不由得想起老黄家大院来，还有大眼儿，想起他坐在中间的宝座上，生龙活虎地踩脚踏板的神态来。

06 苇穿子

　　相对于打草袋子、打草绳，苇席编织是盘锦发育更早的家庭副业。这样的事实根源于稻草是随着水稻种植的逐步推广才渐渐充盈起来的，人们对它的利用也就相对迟晚得多，大致发源于稻作起步的 20 世纪 30 年代。芦苇作为土生土长的自然资源，则早在明代就已被应用到了人们的日常生活当中，明代的高平、沙岭两个驿站，都曾以"苇屏"作为装饰。

　　这片土地的芦苇编织事业在五六十年代发展到了顶峰，70 年代就陆续被集体化了。改革开放之后，随着新型材料的持续增多，尤其是人们就业途径的日渐多样化，这种副业便再也未能得到复兴的时机。

　　然而记忆还鲜活着，苇穿子就是其中一个活泼的元素。

苇穿子，现藏于荣兴博物馆

拉子，现藏于荣兴博物馆

　　60年代末期，我父亲担任田庄台皮革厂的主任，忽一天被认定为"走资本主义道路"的"当权派"，由此被下放到田庄台东方红机械厂劳动改造，并被监管。负责监管的是杨师傅，比我父亲年长十来岁，是一位很正直也很朴实的老工人。

　　杨师傅安排我父亲跟人学习了钳工技术，并在接下来的劳动中对我父亲颇为关照。我父亲对此深为感激。有一天姥姥从二界沟过来，带了些海蜇，父亲便分出大半，带我去拜访了杨师傅。到那儿才知道，杨师傅的一个儿子杨树砖竟是我的同学，虽然只是同级，并不同班，却也彼此认识。打那之后，我和杨树砖就成了要好的朋友。

　　东方红机械厂专门生产滑轮。当年我国生产滑轮的专业厂家还颇为有限，从而使东方红机械厂的产品畅销全国，工厂效益很是不错。杨师傅又是这个厂子的正式职工，家中孩子也相对要少，生活肯定不致困难，尽管

撬刀，现藏于荣兴博物馆

如此，杨大娘也是常年织苇席的，杨树砖也常常撂下书包就帮着干活，主要是穿苇子、溜苇子。常常去找他玩的我，便也有机会正式认识了苇穿子等一应织席工具。

在田庄台那几年，我经常到别人家找同学玩，同学则很少有机会来我家，因为我父母都上班，家里没大人。况且同学们大多得帮家里干活，想出来也难。

苇穿子是织席的准备工作中不可或缺的一件工具。

它的模样就是一截圆木，长 30 厘米的样子。一端镂有一个圆孔，并非直上直下的洞穿，而是在中部分散开去，分成 3 孔或 4 孔，圆心处由此留下了一个尖尖的锥形柱。使用时将一根芦苇从圆孔这端穿入，在经过那个锥形柱时就会被破开，再从下端穿出来的时候，这根芦苇就已经成了 3瓣儿或 4 瓣儿的苇劈子。

杨树砖说这活儿叫"揭苇"，破出来的苇劈子叫"篾片"。篾片就是织席的材料。还有一种篾片是两瓣儿的，那就不用苇穿子了，而用"拉子"，拉子专门负责把苇子一破两瓣儿。

在揭苇之前，还有"投苇"这道工序。按我的理解，投苇就是筛选并梳理苇子的过程，把一捆捆苇子一根根地按长短、粗细分类，再清理掉苇叶子、苇皮子、苇穗子。很多时候并清理不利索，不过在接下来的揭苇和溜苇之时，也能把残余的苇皮子弄得一干二净。

"溜苇"在揭苇之后，杨树砖也干这活儿，我也就得以尝试了。

把揭苇弄出来的苇篾子用水浸泡一夜，次日变软乎了，就在院里铺展开，然后推着石碾子来回碾压。为确保压得匀乎，还得翻翻面。碾压好的苇篾子就跟熟好了的皮子似的，很柔韧。这就能织席了。苇子有长有短，苇篾子也因此有了长短之分，编织之时会应用到不同的部位上。

苇编，拍摄于荣兴稻作人家民俗文化村

　　我觉得溜苇比揭苇要容易上手。揭苇之时我曾遇了挫折，没法把苇子正正当当地穿进苇穿子，而是一穿就偏，以致破出来的苇篾子宽窄不一。杨树砖纠正了我几次，却没见啥效用，直到穿废了几十根苇子之后，我才似乎忽然摸着了门道。现在看，那活儿压根儿就没啥窍门，左右都是那么个穿法，之所以会偏掉，全在于不熟练，熟了，自然就正当了。

　　接下来的织席，是杨大娘和杨树砖姐姐的活儿。过程中一种名叫"撬刀"的刀具被频频使用，长刃有尖，短木柄。我见过她们娘俩儿用撬刀把织好的花纹挤压紧凑，从而使整个席面看起来既平整又光滑，更为美观。

　　与我同龄的杨树砖如今仍居于田庄台，经营着这个古镇里的唯一一家照相馆。

07　苇笆

我小时候总搬家，我父亲被调来调去，我家就得搬来搬去，好在我家只有两个柳条包、两个木头箱子，搬起来还不算费事。尽管搬家次数较多，却也从没搬出过盘锦地区，那些年里我住过的房子也就大多都是盘锦特色的苇笆房，只有清水农场是个例外。

清水农场的锦红村，那时候还叫"锦红十一营"，简称"十一营"，是一个新建的"青年点"，居住者以来自沈阳等地的"知识青年"为主，我们这些当地及外地的"五七大军"只是安插进去的。相对于周边村屯，十一营的住房较为不同，栋栋都是石头基础，上砌红砖，双坡顶，水泥瓦，尤其是屋里房棚都用了衬板，还是红松的。据说在房子渐次落成的过程中，曾引起很多当地村民的屡屡围观，个个都讶异于这房子的建筑材料。

这也是难怪的，因为人们都早已习惯了苇笆房。

"苇笆房"指的是用苇笆做棚的房子。所谓的"苇笆"，也是一种芦苇的编织物，不过对芦苇的要求更高，挑选也更精细，以实芯的"铁秆苇子"为最佳，还以苇秆又细又直溜的为上品。拿这种芦苇编出的笆表面更平整，图案更美观，以致每每举目都令人如览画卷。

地处辽河入海口的盘锦地区，濒海临河啥靠头儿没有，放眼处全是一马平川的平原，这地方的风就特别大，冬天的西北风尤其劲猛，所以民居素以囤顶房居多，越是沿海地带的村屯就越多。东部滨临大辽河的那一片，如西安、平安、古城子、沙岭等地，才有一些坡顶房。坡顶房也就是起脊房，有草房，也有瓦房，其中古城子以瓦房居多，青砖青瓦很古朴，很多是清末民初的建筑。"囤顶房"则显著有别于起脊房，更接近于平顶房，却又不像平顶房那么平展展的，而是中间略微鼓起，再缓慢地向两边倾斜，呈现着一个优美又和缓的弧度。这种房子的特点是相对较矮，尤其对风不会产生多大阻力。

编苇笆,拍摄于荣兴稻作人家民俗文化村

囤顶房几乎都以苇笆做棚。起脊房也多用苇笆,却也有用"高粱把子"的,也就是把高粱秆捆成小把,一把把地紧挨着排布在房顶做棚,压上土,土上再压稻草、苇子等做罩面。囤顶房的苇笆棚,则是在压土之后就直接抹泥,且均是以盐碱土和的泥,这能够有效减少杂草的滋生。也就是说,起脊房有的是草顶,囤顶房则全是泥顶。

我家搬到田庄台的时候,我在老黄家大院见过一次苇笆上房的整个过程。

建于清晚期的老黄家大院,正房顶棚的苇笆已有点烂了,开始稀稀拉拉地掉土。田庄台房产部门就决定换笆。这头住户们把家当都搬出来,那头就上房刨开了泥顶,把压棚的土全部倒腾了下来。那时我才知道土压了好多,至少有30厘米那么厚,得用筒锹挖,我想苇笆房卓越的保暖性或许就是这么来的。土卸完了,就撤笆,笆上完好的部分仍然很精致。

与此同时,院里也有一伙人在紧锣密鼓地编笆。

　　那时候会编笆的手艺人特别多，还因常编而手熟，三四个人默契配合，速度相当快。当那头的烂笆落了地，这头的新笆已收了尾。这么烦琐的一撤一换，当天就完成了。

　　史上的很多年中，地处辽河口的盘锦人大多住着苇笆房。

　　这种房子的渐少，好像始于20世纪80年代。也许是"知青"和"五七大军"的新型住房给了当地人以强烈的冲击，兼带着成功的启迪，以至于在改革开放之初，中国农村普遍兴起建房热潮以改善一家人居住环境的时候，有点儿实力的人家就也纷纷采用了新型的建材，而逐渐舍弃了传统的苇笆。也因此，当时光步入21世纪之后，会编苇笆的人已少之又少了。

　　2019年初，荣兴的稻作人家民俗文化村在翻新一栋老民宅的时候，就碰上了遍寻笆匠而不得的难题，几经辗转，才最终在唐家找到了一位，颇上了年纪。五间房的苇笆，这位老匠人独自编了三四天。崭新的苇笆很沉，足足用了十五六个壮汉才把它扛到了老宅，又弄上房顶。即使复原了苇笆，笆上也并未像老法子那样地堆土抹泥，而是改用了现代的保温材料，算是新旧结合了。却也是一种成功的结合，因为每每在屋里举目，望那漂亮的苇笆仍然如览画卷。

　　实际上每见苇笆，便恍惚回到了童年。

　　至少我是这样。

08　坯模子

父亲成家之初，工作在二界沟，我也是在那儿出生的。

二界沟那时候全是土房，脱坯也就成了一种常见的作业。

坯模子是脱坯的必备工具。

认识这件工具的时候，我可能也就五六岁的样子。大舅家的几个表哥则都已长大，有的还结婚生子了，家里的房子就越来越挤巴，选地另盖不大实际，大舅就提议在正房后头接个"后道厦子"出来。大舅家住在二界沟的最北边，房后就再没人家了，这项动议也就比较现实，一家人简略商议了一回，便行动起来了。

二舅家也住在二界沟。实际上我母亲那头的血亲基本都住在二界沟，大家还特别团结，二舅家的几个表哥也差不多都是整劳力了，便都抽空赶来帮忙。一伙儿人准备木料，另一伙儿人就紧着脱坯。

脱坯得先和泥，哥几个有的拉土，有的用铡刀斩稻草做洋积，又从房后大坑里挑来水，和了一大摊的泥。几个人又光着脚丫子上泥堆里踩了踩，就撂那儿闷着，说是闷一闷，土和洋积才能融为一体，泥才更服帖更有黏性，就跟省面团似的。闷了两三天的样子，闷透了，就正式脱坯了。大舅家有两个坯模子，二舅家有一个，哥几个就三个人脱，另两个帮着叼泥打下手。

凡是模子，都是为了求得产品的高度相像，尤其是规格的统一。

坯模子也是如此。

在那些上了年纪，也因此积攒了许多生活经验的老人那里，对于一间房子需要多少块坯大多心里有数。大舅也早早就盘算出了两个间量的"后道厦子"需要脱多少块坯，脱这些坯又需要多少泥，以及这些泥和坯可能占用多大地方，估摸妥了，就将脱坯场择定在了房后。

大舅家房后不远处就有一条潮沟，潮落是滩，潮涨为海，沟旁有坑，素日里积了很多雨水，和泥是从容的，滩地也很宽绰，足够脱坯的，特别

坯模子，现藏于盘锦市文物中心

是距离将要接出来的"后道厦子"极为近便。后来的事情表明，大舅的估算十分靠谱，房子盖妥了，坯也用尽了，一切都刚刚好。

脱坯的时候，还需要一个水桶，那时候都叫"水滴"，装些水。把坯模子撂在地上，往模子里圈抹下水，防止泥的粘连。再往模子里塞泥，务必要塞严塞实，通常是用虚拳砸一砸，然后手沾水，再在坯面上抹一把，力求平整。最后把坯模子脱下来，一块端正的土坯就出笼了。接下来后退一步，把坯模子顺次地排下去，也顺次地脱下去了。也就是说，脱坯这活儿是倒退着干的，脱一块，退一步，退到场地的尽头了，再另起一行。

我的几个表哥都颇认劳，还会干，脱坯的速度非常快，好像一天工夫就脱够了。然后让坯自然风干。干得差不多了，再把它们一块块立起来，接着晾，晾得干透了，就开始盖房。

盖房的主要劳力也是这哥几个。在老房子外屋地的北墙开了扇门，通往新房的外屋地，西侧再接出一间做正房，西墙开窗，北墙盘炕，东墙开门，南墙就是老房子的北山墙。两间房间量的"后道厦子"就这么建妥了，一间灶房，一间居室。貌似挺大的一项工程，在我的印象里却真没费啥劲，似乎摆巴摆巴就盖上了。

大舅住得宽绰了，心境仿佛也宽绰了，本就挺多的笑模样又多出很多来。

在更早的年头，盘锦地区还流行一种垡子房。

这种房的建筑材料是"垡子"，也称"草垡子"，在我看来俨然一种天然的土坯。那时候盘锦的荒草甸子特别多，人们便因地制宜，秋天把荒草除尽了，再把地皮切割成长方形，然后用一种特制的规格统一的"垡子锹"将其抢下来，就成了一块块草垡子。垡子里交错着繁复的草根，勾扯紧密，与土坯中的洋积发挥着同样的抓土固土的功效，晾干之后又比土坯轻了许多。

垡子房的保暖性也很优秀，不足之处是容易滋生杂草。不过这种建筑材料取用省时，又不用花钱，对劳力和财力都不大乐观的年代以及人家来说，都是一项很好的选择。实际上早在明代，盘锦地区就多见这种建筑了，墩台之上的更房、驿站之内的马圈及其围墙等，几乎都以草垡子筑成。在民宅上的应用也很普遍，而且一直延续到了20世纪70年代。以垡子作为筑屋材料的历史的终结，社会经济的大幅度提升是一个因素，荒草甸子的缩减以致绝迹也是一个原因。无论如何，垡子体现过自身的存世价值。

土坯也是如此，应用范围还更广泛。

那天偶然看到了一个名叫《尼罗河》的纪录片，发现埃及人也是脱坯的，所用的坯模子还与我们的极为相像，也是长方形的一个木框，大小厚薄都差不多。人类的发展很有趣，好多方面、好多事物都会不谋而合，似乎暗含着某种默契的规律。却也有不同，埃及人的坯模子只有一个提柄，安在一角，是一个半尺来长的木柄，我们的则有两个，安在两端。前者可以省下一只手，后者的平衡性应该更好些。还有，埃及人管土坯叫"泥砖"。

09　簸箕

簸箕的正经用途是簸粮食。

过去的粮食都是在场院脱粒的。

"场院"是个名词，早年间乡村的各家各户几乎都有，往往就是房前屋后的一块空地，拿石滚子碾压实成了，把收割来的大豆、高粱等堆过去，再在上面脱粒。在这种场合脱出来的谷粒，就没可能不掺杂进一些土坷垃和碎沙石。为了去除此类杂质，人们就得用簸箕簸了，也就是俗话说的"粮里土沙米里糠，簸箕一簸都去光"。

需要簸粮食的不只是农民，实际上城镇居民从粮店买回来的粮食，除了粉类，其他的像高粱米、大米啥的，也都需要簸，因为都有杂质。还有黄豆也是参差不齐的，有成有瘪，还有碎的、半拉的，拿簸箕簸一簸，既能除杂质，也能使之更整装。

那时候的粮食都不是机械收割的，加工过程中也无精选之说，存有杂质的现象也就很多，簸箕由此成了家家户户的必需品。不管走到哪儿，也随时都能看见个人家的院子里有妇女或老人在簸东西，像二界沟、田庄台、清水农场、盘山街里这些我小时候住过的地方，无论城乡，都是这样。我家也是如此。我母亲和姥姥簸的时候多，我父亲有时也簸，连我都簸过。挺好簸的，往往是左右晃晃，连带着上下颠颠，粮食里的空壳和杂质就都跳出来了。

簸箕是用柳条或竹篾编的一种器具，三面有沿，一面敞口。它不仅是过日子的必需品，也是易耗品，由于常用，很易磨损。

家住田庄台期间，班上有一个和我同姓的同学，父母都没有工作，全靠织席维持生活，日子过得就很节俭。簸箕坏了也不舍得换，而是会拿帆布打上补丁，上下好几块。口沿处的那块木板，也与后面的编织部分有了脱节，他父亲也是拿铁丝给重又连巴上了。后来搬家到清水农场，见同学

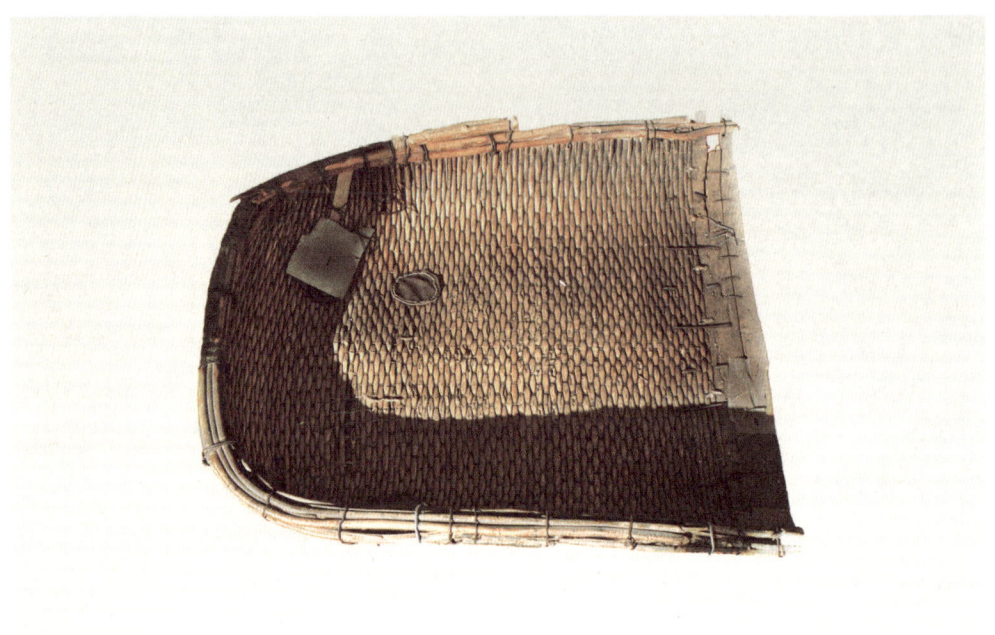

簸箕，现藏于盘锦市文物中心

张学宏家的簸箕也是如此，补丁还不是厚实的帆布，而是旧的花布。

　　实际上那时候在农村很少能见到品相完好的簸箕，几乎每一只都有修补的痕迹。有的人家为了使它更耐磨，还会在使用之前就把一凿两瓣的枣壳密实地粘到簸箕底上。如此种种，既反映了簸箕的利用率之高，也折射了人们的生活之艰。

　　尽管如此，簸箕在我的脑海里却也始终含带着香味。

　　有花生的香味。那时候每逢八月节，田庄台的很多人家都会自制月饼，花生米是月饼馅料的必需品，也就普遍都炒花生。炒熟了，放到簸箕里，拿手掌来回碾一碾，红衣就纷纷脱落了，再簸一簸就都簸出去了，一落落满地，像鲜红的碎花瓣似的。

　　还有瓜子的香味。那时候村里虽然家家户户的房前屋后都种些向日葵，却也不舍得经常炒瓜子，往往只在逢年遇节的时候才炒。却一炒炒很多，需拿簸箕装。装上了，簸一簸去除空壳，再那么端到炕上来，大家你一把我一把地围着簸箕嗑，满嘴生津，满屋飘香。

如今，还这么簸瓜子的少了，即使在农村，还有簸箕的人家似乎也不多了。田庄台的老字号"刘家果子""宝发祥""正兴合"等却仍旧这么簸着花生，簸箕也仍是他们的必需品。

如今仍有场院的人家也不多了，粮食的收割基本都机械化了，一边割，一边脱谷，甚至当场都被收购了，连往家里转运的麻烦都省了，场院也就不必需了。不过人们偶尔说起老事儿的时候，仍然习惯于把"场院"读作"长渊"，比如说"你二哥恨活儿啊，在'长渊'不回来，挑灯夜战！"我喜欢这种读法，觉得比"场院"顺嘴得多，且似乎含蕴了些许诗意。

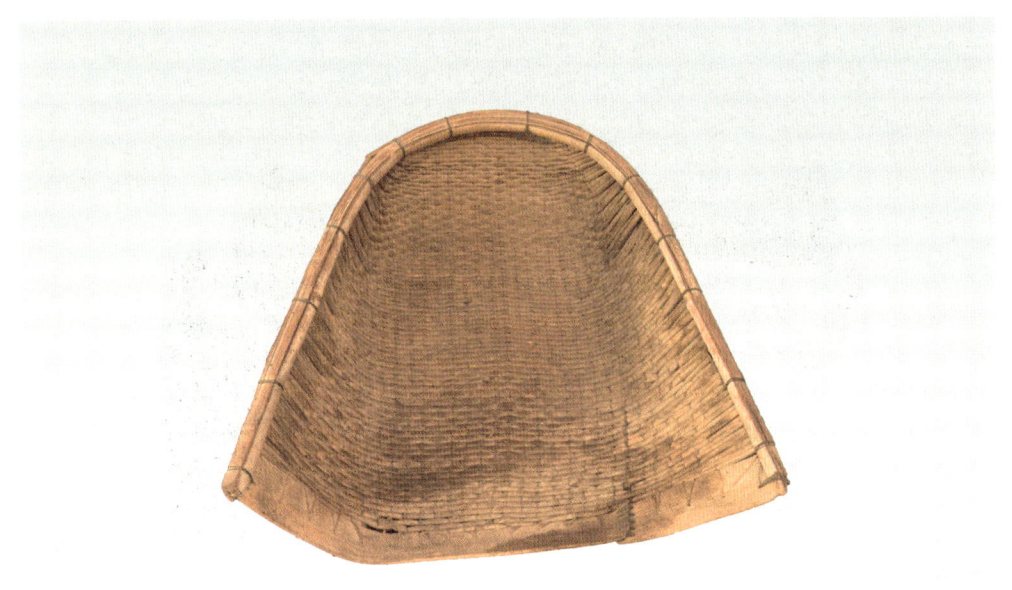

簸箕，现藏于荣兴博物馆

10 粮斗

在我的印象里，粮斗就像八仙桌似的，虽说不罕见，却也并非家家都有。实际上在早年的盘锦，粮斗也是普遍存在于田庄台的住家，其他地区是相对要少得多的。

至少我家是没有的，两样都没有。

我小时候常在田庄台的同学家里见到粮斗，有大有小，也不知是干啥用的。回头问姥姥，始知大的叫"斗"，小的叫"升"，是称粮食的器具。姥姥的娘家原在营口开铺子，姥姥也在那个比田庄台还要繁华的水陆码头出生、长大，对这种木器早已不以为意，很不当回事。我却很好奇，没想到这种东西原来也是一种"秤"。

斗和升，现藏于盘锦市文物中心

粮斗，现藏于荣兴博物馆

　　听姥姥讲，过去田庄台和营口都有"斗纪"，就是用"官斗"给交易双方度量粮谷的机构。"官斗"是官方认定并配备的粮斗，这样的粮斗才有度量的资质。在"斗纪"里操作"官斗"的人，叫"斗夫"，也曾是一个庞大的社会群体。

　　粮斗多为方体，有的是正方体，有的是梯形的那种口大底小的方体。整个粮斗不用一根铁钉，全以卯榫结合。考究的还会在边角包镶铜皮铁件，或者打上钯锔子，使之更坚固。并非"官斗"的斗，有些还会在斗的四壁写上主人或所属粮栈及商铺的名号，大多是毛笔墨书。

　　以粮斗度量粮谷之时，要用尺子把斗里的粮谷刮平，以保证重量的精确，尤其是对交易双方的公平。不过公平很难做到。刮斗的那把尺子叫"刮板"，在拿刮板刮粮谷的时候，下手轻重也决定着斗内粮谷的具体分量，刮得轻，分量就足，买家得益；刮重了，分量就不太足，卖家获益。也因此，

日伪时期的升，现藏于荣兴博物馆

在进行粮谷交易之时，买卖双方大多都会讨好"斗夫"，从而使这个行当成了令人眼热的一件肥差。

后来我从史料中得知，在营口于 1860 年开埠之后，辽河沿线的粮谷交易重心便由田庄台转移到了营口，田庄台的"斗夫"还因此与营口的"斗夫"产生了利益之争，口头争吵不能解决，便发生了械斗，规模不小，以至于还惊动了紫禁城，继而打了场官司，以营口"斗夫"的胜利而告终。

从那个时候起，田庄台的"斗纪"就渐失了往昔风光，每年所经手的粮谷交易量大幅度缩减了。"官斗"也由此陆续地散落民间，成了平凡的"粮斗"。后来随着新式度量器具的出现，这"粮斗"的价值也就恒久地失去了。

到我记事的时候，粮斗虽已不再发挥称量的作用，却也未遭抛弃，而是作为一种日常用具被很多人留了下来。它们普遍地被各家各户随意地摞在仓房、外屋地等不大显眼的地方，内里盛装着土豆、大蒜、干红椒啥的。

或许它方正的模样足够好看，牢固的结构也足够耐用，以至于虽然没了正经用途，也人人都不舍得扔掉它，这使粮斗战胜了时光，留到了今日。

2004 年，为摸清辽东边墙在盘锦境内的走向，我经常下乡，也得机会在很多农家里再见了粮斗，珍惜之情顿然萌生。将此向时任盘锦市委宣传部部长的许佳同志作了汇报，引起了他的关注和重视，随即向市财政申请了专项资金，用以征集这些散落民间的老物件。当我回头把这项动议传达给各场乡镇的时候，得到了热烈响应，尤以时任大荒镇（现得胜镇）文化站站长的李斌最为踊跃，他走街串户地进行宣传、登记，并把他姥爷家的大躺箱也搬了出来，还说啥不要征集费，说他姥爷是老兵，参加过抗美援朝，非常支持这项活动。

日伪时期的粮斗，现藏于荣兴博物馆

就这样，很快就征集上来一大批老物件，其中有 10 多个粮斗。它们形制各异，布满灰尘，在拿抹布清理之后即沧桑顿现，口沿、搬耳等处都已磨得包了浆，似乎经历的时光仍然蕴藏在那或深或浅的木纹里。

粮斗天生自带一种浓郁的乡村气息，还含蕴着吉祥的寓意，象征着岁月的丰饶富足，也由此成了一种颇具意趣的藏品，目前已越来越受国内藏家的喜爱。我家也收着两只，一只方形，另一只梯形，每一只都简约质朴又敦实浑厚，每见每喜。

11 衣架

1978 年我中专毕业后，被安排到营口市文物管理委员会工作，办公地点在楞严禅寺。楞严禅寺很有名气，素享"辽南第一名刹"之誉，与哈尔滨的极乐寺、长春的般若寺、沈阳的慈恩寺并称为"东北四大禅林"，且名冠其首。

这个寺院呈规矩的长方形，坐北朝南。从南往北，依次是山门、天王殿、大雄宝殿、藏经楼，东西还有钟鼓二楼、四个配房。我初见时所有建筑都还保存得非常好，除了藏经楼。藏经楼在发生于 1975 年 2 月 4 日的海城大地震中，坍塌了几乎全部山墙，只剩下了梁架。现在来看，纵然损毁如此也完全可以修复，但在当时却不知何因就那么撂着了。

1980 年，传来了要将藏经楼拆掉重建的消息。

不久消息即被证实，拆扒工人也迅速入驻，并听说新建筑将以钢筋混凝土为材料。这样就拆下来很多木料，且不会再被应用。藏经楼的原本梁架全是木料，基本都是红松、落叶松和白松。这批木料引起了营口市东北乐器厂的注意。技术人员说白松是做小提琴顶好的材料，存放 100 年以上的白松则是更好的。楞严禅寺建于 1922 年，历时 9 年落成，迄今虽不足百年，却也至少经历了半个世纪的时光沉淀，显然亦属可遇不可求之珍品。乐器厂就紧急抢购了很多。

他们这么一张罗，也引起了我们这些小年轻的注意，就也趁机留下了一部分木料。最后剩下来的边角余料也被单位分发给了大家，各自搬回家去做烧柴。

当年我有个同事叫郝业斌，我俩都不舍得拿这木头烧火，就商量着做点啥。那时候正流行打家具，市面也有很多介绍家具款式的书籍，我俩就各种翻寻，最终决定做两个衣架，一人一个，并综合了几本家具书上的几款衣架的造型，取长补短，设计出一张图纸来。

然后下料。弄了6根小方木做立柱，刨平刨光。余下的小件带有各种弧度，就拿手锯慢慢地各种锯，锯不来的，拿小刀一点儿一点儿地旋。基本都自力更生了。完全没有自制可能的，是衣架上的两个葫芦，那难度显然太大了。我便拿着图纸回到了盘山家里。

那时候盘山还隶属于营口，营口市第三建筑公司也在盘山街里，就在我家房后。公司厂房里有个翻砂车间，车间里有台机床，负责机床的是木匠孟师傅。我请孟师傅帮我旋4个木葫芦，每个衣架2个。孟师傅是田庄台人，祖上就是开木器厂的，他对木匠这套活儿也特别在行，只看了看我的图纸就动手了，完全不劳尺子啥的，只拿一把刀抵着木头，不到半个小时就全部旋出来了，而且个个都标致得像一个模子刻出来的。

做那两个衣架，大约耗去了郝业斌和我20多天的业余时间。过程中是郝业斌指点我的时候较多，我的手虽也不笨，却仍不及他的。整个衣架没有一根铁钉，全是卯隼。最后的工序是上漆，漆得油光锃亮。往那儿一杵，亭亭玉立。我把它搬到了父亲家里。

如今，父亲家的所有老旧家具都已随着时光的流逝而陆续遭了淘汰，唯独

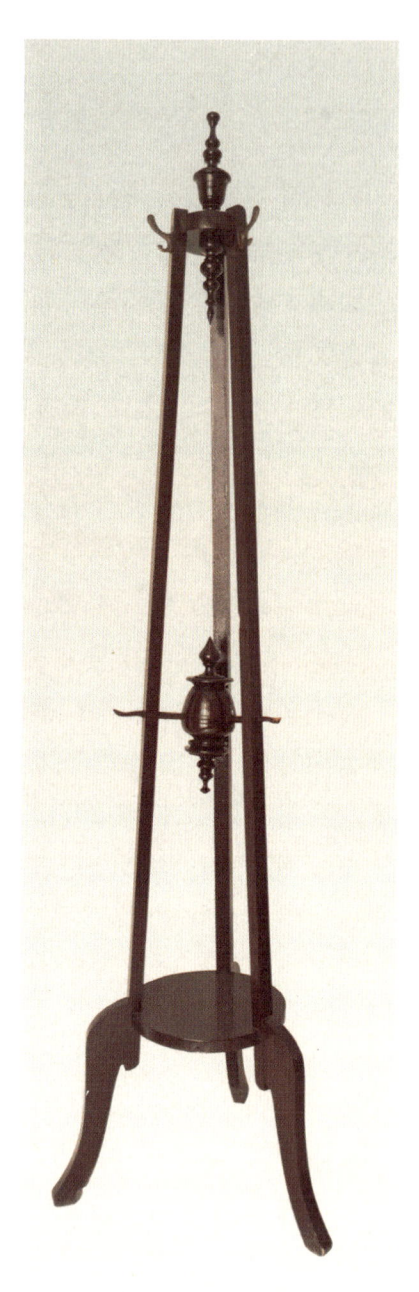

衣架，拍摄于笔者父亲家中

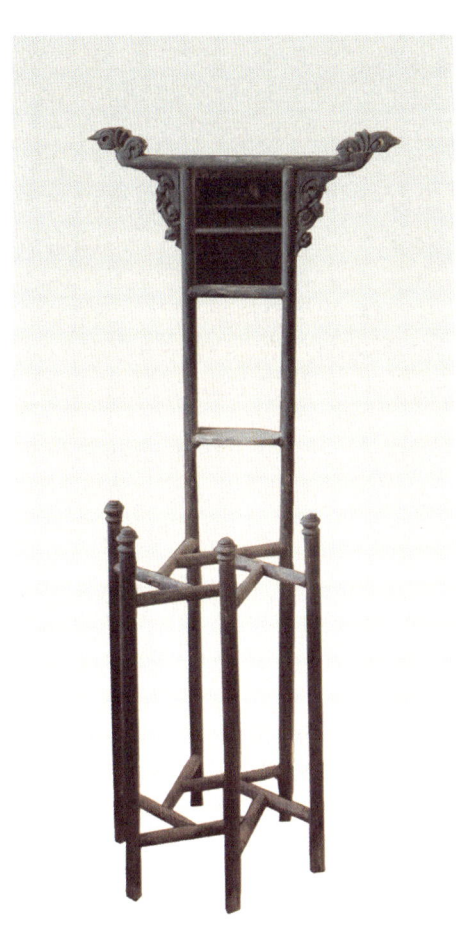

脸盆架,现藏于盘锦市文物中心

这个衣架留到了现在。我不知道我那现年92岁的老父亲究竟是珍惜这个衣架本身,还是珍惜他长子此生的唯一一件木工"杰作",也或者只是缘于它的木料出自楞严禅寺。

长我一岁的郝业斌虽与我是同事,当年却属于"大集体"。或许正因如此,后来他就辞职到深圳创业去了。我俩失联已久,时下已不确定他是否还留着这个衣架。

在20世纪80年代,衣架是城乡家庭很流行的一件家具,也大多是请木匠手工打制的。虽然它高高大大的,以致放在原本就狭小的房间里略显挤巴,却也家家都想弄上这么一件。实用性尚在其次,关键是为了装饰,只要把它往那儿一立,这个家庭的时髦感就立马显现了。

与衣架模样接近且有着相似经历的,还有脸盆架。

时光在流逝的过程中,推崇过很多家具,就如被它淘汰的一样多。

12　防风灯

防风灯早在20世纪二三十年代就已流行于世面，即使是现在，一些场合中也常有所见，称得上是使用寿命最长的灯具之一，见证了中国近百年的历史风云和民间万象。

事情之所以如此，在于防风灯具有一个不可复制的特点——防风，这使它可以用在室外，用在风雨之夜，用其他灯具不敢探头的一应所在。不可复制的特点，显然就是一种事物、一件物品以及一个人，不被同类所取代的重要前提。

我对防风灯的最初印象，形成于二界沟。

二界沟所濒临的渤海辽东湾，一天24个小时当中，共有2个潮4个流儿，涨潮是2个流儿，落潮也是2个流儿。二界沟的渔民出海，都是趁着落潮的流儿，以便让渔船顺流儿驶入大海。然而这2个潮4个流儿的时间并不是固定的，而是每天都会后错1个小时。这么错来错去的，就使很多时候的落潮都会赶在晚上，渔民也就得在夜黑头子里出海。

这样的时候，防风灯就派上了用场。

很多渔民推开家门之际，手里都拎着一只防风灯，有的灯捻儿大些，有的灯捻儿小些。然后徐徐地从四面八方汇拢到码头，再分散到各自的渔船上去。这个过程，这种场景，小时候我曾见过多次，我大舅和二舅也都是这人流中的一员。我觉得此时此刻的渔民，就像一只只怀揣奔头的蚂蚁，虽然个个力微得有如那点点如豆的灯光，却因最终的汇拢而拥有了不可预估的力量。对渔业生产而言，这种汇拢是尤为必要的，相较于农业，渔业更需众人的合力。

到了船上，其中的一只防风灯会被挂上桅杆，其余的分布到船周。

在月缺星稀的夜里，浩瀚的海面漆黑一片，诸多船只接下来的扬帆出海，以及在海上作业之时，相互间的信息传递，彼此间的距离掌握，都要

防风灯，现藏于辽河民俗博物馆

以这些灯光作为参照。防风灯对那时候的渔民来说，作用不仅仅是照明。那时候的渔民对防风灯也都格外爱惜，回头下了船，进了家门，都会小心地取下灯罩，仔细擦拭，以求它的光亮能够最大程度的发散。

　　后来，我在盘山县前么村的老家里，也见到了防风灯。

　　它提在务农一辈子的我二大爷的手里。我二大爷在生产队赶大车，牲口的照料也是车老板子的日常事务，这使他每晚睡前都要赶去生产队喂一回牲口。出门的时候，他也会提上一只防风灯，到了生产队的牲口棚，往马槽子上一挂，就开始在那微光中拿铡刀铡草料，铡完了再添进马槽子里。

　　我跟二大爷去了几次，并在那微弱的灯光下得了一个人生头一回的发现：马都是站着睡觉的。这让我觉得不可思议，也觉得特别累得慌。二大爷却说不累，这种牲口就这习性。

　　二大爷从来不管马叫马，而只叫"这种牲口"或者"儿马"。

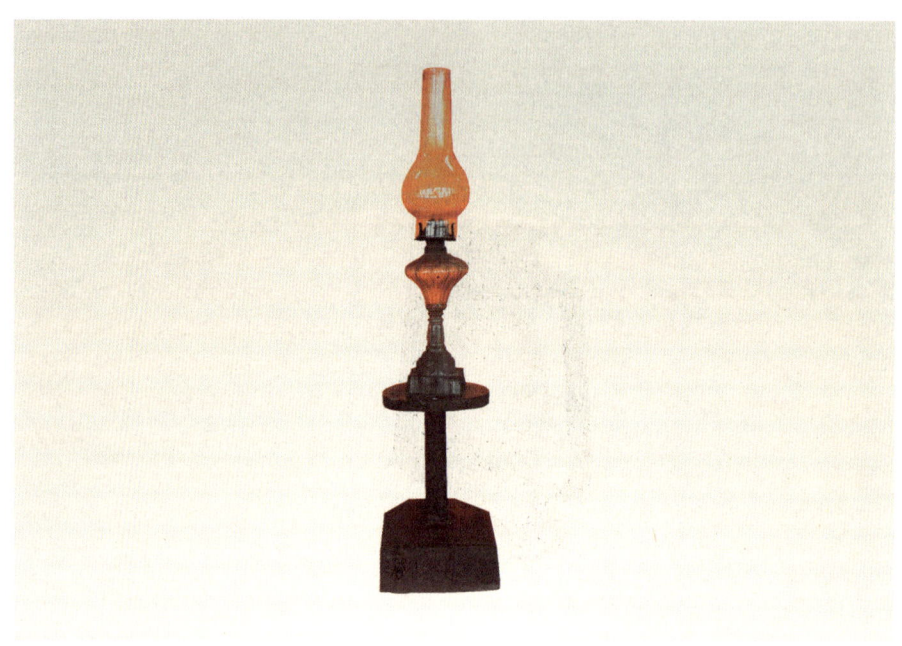

防风灯，现藏于盘锦市文物中心

　　二大爷挂防风灯的地方是固定的，是竖在马槽子旁边的一根横杆，横杆上拴着马缰绳，上头搭了个铁钩，灯就挂在铁钩上。马见了灯光，立即就醒了，会踢踏踢踏蹄子，打打响鼻儿，似乎知道要开饭了，也似乎是与二大爷致意打招呼。我想当二大爷提灯走出牲口棚的时候，马也会掉头睡去，仍旧站着。我也仍替它们累得慌，每见一次，都会持续多日。

　　某次回程中，二大爷说儿马才能做驾辕，骡子只能拉帮套。

　　我问为啥，二大爷扬了扬防风灯，说牲口都是各有脾性。

　　我小时候的那个年代，贫富不大好体现，因为市面上的日用品都太过单一和统一，鲜有优劣之分，也就罕见贵贱之别，有钱没钱的都得用这个。家庭的富裕，往往只能让你多有一些东西，而难以在同一件东西的品质上与人拉开距离。高中低档之别，在那时候是罕有的。

　　就像防风灯，在乡间竖起电线杆并拉起如网的电线之前，渔民和农民在外出作业之时，都这么使用着，尽管两者在经济上并非等齐划一。而且，两者的家里基本也都用着煤油灯，没有更好的，也没有更差的，往往都是一瓶一捻儿半下油。我大妈常把脑后疙瘩鬏上的银簪子拔下来，去拨那儿灯捻，拨一回，它就能更亮几分。我大妈的疙瘩鬏总是梳得干干净净的，还不知抿了啥油，呈现着若隐若现的光泽。

　　在我后来征集民俗文物的时候，也曾上来一批防风灯，以及几款煤油灯，其中各有一件品相颇佳，当时曾探询了它们的来源，得知防风灯是一户地主用来照明庭院的，煤油灯是一户经商的大户人家的遗留。两者均属民国年间的产物。那个年代的贫富差别还是显著的。

　　无论如何，早年的灯光都是纯净的，点缀着更为纯净的夜。

13　铝饭盒

我这个年龄段的人，成长过程中几乎都用过饭盒。

那是一种铝制的盛具，多为长方形，没有花哨的装饰，只在盒盖上拓着生产厂家的名字和品牌Logo，不过那时候还不叫Logo，只叫标志或标识。

最初用饭盒，是在我家搬到清水农场的十一营之后。搬到那儿我就得去三家子村上学，一出三四公里，中午回不来，只能带午饭。午饭就用饭盒装，大小两个，大的装米饭，小的装菜。班里像我这么跑通勤的同学有十几个。冬天，中午放学了，我们就把各自的饭盒摞到炉盖子上去，热乎热乎再开吃。我们五六个"五七大军"的子女，饭盒里装的多是大米饭，其他几个周边村屯跑通勤的同学则都是高粱米粥，即使温热了，打开来时也仍然成着坨。

当年我曾纳闷这成坨的米粥是咋装进饭盒里的。

多年之后，我与大连古建筑公司的董事长徐德凝成了好友。那时他在喝点小酒之后总爱忆苦思甜，每每忆起也总会提及他的饭盒，说他的这片江山都是背着饭盒打下来的，饭盒里装着高粱米粥，趁热乎装进去，晾凉了才盖盖儿。晾凉了的稀粥就凝成了饭坨，跟咱妈熬的猪皮冻似的，放进挎包就不会洒了……闻得此言，我才恍然。

1985 年，我考入了辽宁大学，就读于历史系文博专业，学期两年。在这两年当中，我对饭盒的应用达到了此生的巅峰，不仅空前，而且绝后，称得上天天饭盒不离身。不过这阶段的饭盒已不是用来带饭的，而是用来打饭的，在食堂打了饭，端到餐桌上去吃。一天三顿饭，早饭吃过了，背进教室，等吃中饭；中饭吃过了，仍背进教室，等吃晚饭。天天如此。

头一个学年我用的是从家里带去的铝饭盒，就是小时候用过的那种。这种饭盒轻巧简便，里头的四个角还都不是尖的，而是钝圆的，不藏垢，好洗刷，却也有一个不易克服的缺点，那就是烫手，每端了热饭热汤都烫

铝饭盒，现藏于辽河民俗博物馆

得嘻嘻哈哈的。后来我在百货公司看见了一种新式饭盒，外头罩了个保温层，硬塑的，两侧带扣，不仅不烫手，而且不洒汤。买来用过才发现，这种饭盒也有缺点，那就是重厚笨拙，用起来不顺手。于是到了第二个学年，我就将饭盒换成了铝盆，换了两个，规格都挺小的，饭、菜、汤都能分开来打，简单粗暴却顶方便。

　　在那愉快的两年里，我与抚顺的郝武华、葫芦岛的孙建军成了同学与好友，并自此成了终生的好兄弟。三个人里建军最小，且小上四五岁，我和武华兄的饭盒以及后来的饭盆，就基本上全由建军代劳背着了。三个人十来个盆，都塞进一个口袋里。口袋是文物标本的专用袋，粗帆布的材料，袋口可用布绳抽起来，建军也确实是这么抽着的，然后往肩上一搭。饭盒或饭盆里都有钢勺，随着他脚步的起落，盆啊勺的就叮叮当当响成一片。我们由着它响。偶尔响得不够热闹，建军还会将袋子重搭一下，打乱盆勺的阵脚，使它们再度响亮起来。

最初我们是步行奔往食堂的。后来带职上学的我和武华兄各买了一辆28自行车，就每每都骑着。建军横跨在武华兄或者我的车后座上，也是这么时常地晃荡着饭口袋，从而在那所大美的校园里留下了一路的叮当乱响。此后每每想起，都还令人心潮澎湃。

毕业后我仍回营口文化局工作，也仍要常常下乡搞些文物考察，这几个饭盆就依然是我吃饭的家什儿。我的同事申国俭不大看好我这套餐具，几乎每见每皱眉，直到他不得不扔了饭盒，并在我的鼓动下也换成了饭盆，才罢了。

申国俭的饭盒扔得颇无奈。

申国俭从小就不吃荤腥，各种肉都不吃，各种动物油脂也不吃，这对常常在外就餐的人来说真是个麻烦事。有一回他灵机一动却也显然考虑欠周，竟跟人家的伙房师傅谎称自己是回民，师傅听了，立马盛了一勺东西反扣到了他的饭盒里，边扣边说那正好哇，今儿有羊肉汤！他当场就傻了，却又哑巴吃黄连地没法吭声，默默端回来，凄然撂在了我的饭盆边。他那饭盒就这么自此报废了。在他也如我一样地用上饭盆之后，仍遇过这事，却只需扔掉摊事儿的那个盆就妥了，不至于整顿饭都不得吃。直到这时，他才承认了我这套餐具的好处。

前几年征集老物件的时候，我曾期待再见大学时期短暂用过的那种带保温层的硬塑饭盒，却未果，猜想它可能未等普及便下了生产线吧，毕竟用着不便。老式铝饭盒上来很多，大小都有，或方或圆，这证明无论这种饭盒如何烫手，它也是一项顶好的发明，以至于广泛流行，堪称与中国人共同度过了一个特定的历史时期，无论它被后来的科学给解释出了多少缺陷与弊端，也仍是一代人甚至两代人的心中所念。

实际上这种铝饭盒至今仍被沿用着。前些日子我在田庄台的张记烧锅那儿，就看见酿酒师傅全是拿这种饭盒带着中午的饭菜，忙活完了几个人把饭盒往起一凑，就俨然开了一桌盛宴。我想他们不是换不起令人眼花缭乱的新型餐具，而是想不出更换的理由，尤其不割舍。

14　锅撑子

近来我常常逗留于荣兴的稻作人家民俗文化村，这也是目前东北三省规模最大的民宿村，在一个名叫"圈里"的自然屯的基础上改建而成。村里的所有房子都是圈里居民的老宅，大多建于 20 世纪七八十年代，无论建材还是形制，都呈现着那个年代的固有特色。

我住的这栋是 69 号，主房 5 间，西头 1 间偏厦做厨房，房里另砌了一个大灶，安着一口大铁锅，扣着木制的大锅盖。这深得我心。那天我又在民宿区里转了转，到底瞄准了一根树杈，模样近似一个表达"胜利"的手势。折下拿回，去皮晾干，做成了一个我心心念念的锅撑子。

我想早年间各家各户都有的锅撑子，大抵也是这么来的。

我对锅撑子的印象并未形成于儿时，这或许是由于我母亲很少用这个，使我没机会撞见，也或许是她拿别的器物比如蒸帘取代了这个。锅撑子的主要作用是架在锅里，上头熥些东西，起着一个隔水蒸的作用，蒸帘也有这个功能。

我正式认识锅撑子，是在 1979 年。

那年第二次全国文物普查正在辽宁省徐徐展开，我作为基层工作人员之一，被分到凌源队，队下设组，我与锦西的杨连胜、阜新的刘保华为一组。我们三个一起，按队里的路线划分走了凌源的 6 个公社。都是徒步，早、晚吃在公社食堂，中午则走哪儿吃哪儿，多数都是在村屯，那叫吃"派饭"。主食通常是小米饭。

有一天我们收工稍早，得以在老乡家里见识到了小米饭的做法。

老乡管那叫"捞小米饭"，也确实是捞的。拿一锅挺宽绰的水，把小米子煮到七八分熟，拿笊篱捞出，装进饭盆。接着把锅里的米汤清空，炖上一锅菜，往往是土豆炖茄子或豆角啥的，有时候也会把土豆换成倭瓜。然后把锅撑子横到锅里，也就是架到了炖菜之上，再把小米饭盆坐到锅撑

锅撑子，现藏于荣兴博物馆

子上，盖锅烧火。待菜炖熟了，小米饭也就十分熟了。

这样的做法，曾令我颇觉不可思议。

我跟煮饭的大嫂子说这米汤是最有营养的，咋就扔了呢？

大嫂子说没扔啊，都倒进院里大缸了，缸里加糠加菜，沤些日子，就喂猪了。

闻言我心略舒，毕竟也没浪费。

无论这样的捞饭之法是否科学，在接下来的数十年里，我每去朝阳一带，都还会特别叫碗小米饭。朝阳的老同学知道了我这口累，有时也会以小米饭的款待引诱我去，屡试不爽。时至今日，我已不能确定自己是爱吃小米饭多些，还是偏爱圆满那个念想儿。

当年我也曾留意了一下，发现盘锦"坐地户"这么吃小米的人家很少，他们大多是熬成小米粥喝，坚决不肯把米汤给舍了。不过从朝阳一带迁来的"外来户"却仍习惯于捞小米饭，锅撑子也是这些人家的必备炊具。后来在全市范围内征集老物件的时候，上来的几件锅撑子也都是出自这些人家，显然他们在地理迁移的同时，把家乡的饮食文化也带了来。

不过这并不意味着只有朝阳的"外来户"才有锅撑子，而只是表明他们有吃小米捞饭的习惯，这使得这些人家的锅撑子在灶房里存续了更长一段时间。再后来我听说，盘锦农村的很多"坐地户"也是普遍都有锅撑子的，尽管他们很少捞小米饭，他们会经常用这个东西蒸点鸡蛋糕、辣椒闷子啥的，既经济又实用，有的人家甚至不止一个。

锅撑子的渐少，想来与蒸帘的渐多有一定关系。

蒸帘在隔水蒸的功能上比锅撑子更为强大，在蒸小米饭之外，还能蒸出满锅的馒头、豆包和花卷等干粮。不过蒸帘的自制较锅撑子复杂得多，有的需用铁丝拧，有的需用竹劈子等材料穿。当然也有成品可买，奈何以

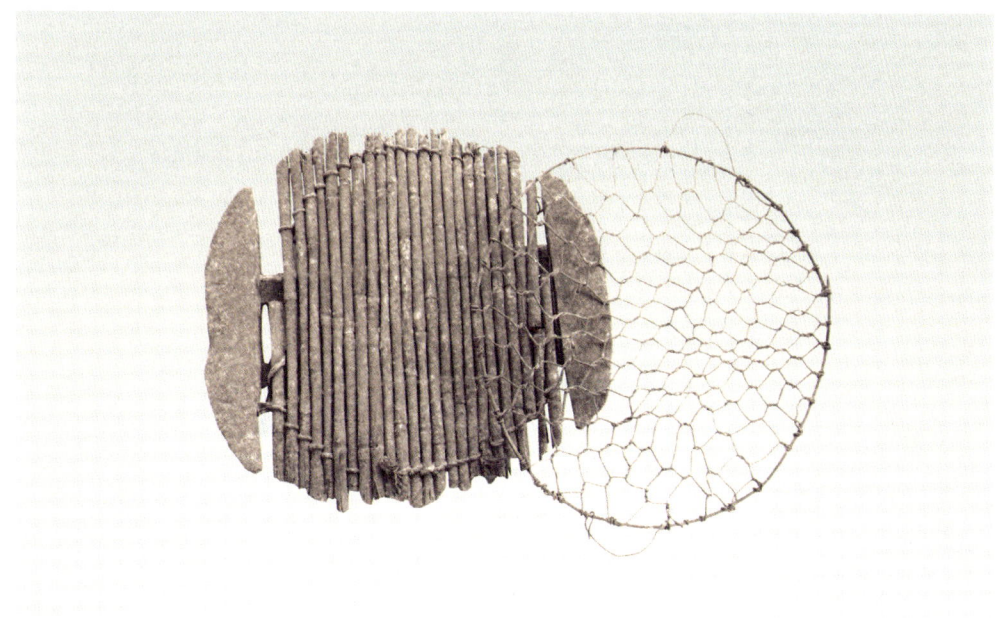

蒸帘，现藏于盘锦市文物中心

往的村人还不习惯于买。后来随着日子的日渐好过，有心思置办蒸帘的人家才渐渐多了起来，并到底取代了锅撑子。如今这样的老式蒸具也早已退出了各家厨房，换代为了不锈钢的箅帘，铁锅也与其同步更新为了不锈钢的蒸锅。

岁月越是流逝，我越怀念老物。

就像此刻，在我细细打磨这件锅撑子的时候，似乎就已闻到了捞小米饭的清香。

我盼着快一点儿吃到嘴里。

15　粉旋子

黄瓜拌拉皮是一道很爽口的凉菜，也是很有年头的一道老菜了。这里的拉皮俗称"粉皮"，如今大超市、小市场都有卖的，早年则多是自个儿家做的，制作过程俗称"抢粉皮"。

抢粉皮的工具就是"粉旋子"，模样有点像平底浅锅，沿很窄，没有手柄，有铜制的，也有铁制的，后期则以铝制的居多。粉旋子的直径决定粉皮的大小。

做粉皮的主要材料是淀粉，土豆淀粉、地瓜淀粉、绿豆淀粉等都行。这些东西在民间通称"粉面子"，早年很难买到，也或者是买不起，大多靠平日里的积攒。比如土豆淀粉，平日炒土豆丝或土豆片的时候，切好后先放进水里浸泡一会儿，炒时捞出，水里就会沉淀下一层白莹莹的淀粉，将水徐徐倒掉，将淀粉刮进碗里，一点点积攒着，积少成多。打算抢粉皮的时候，就将那些早已干透的淀粉用水调稀，再兑点食盐和白矾来增加筋性就妥了。

抢制粉皮时，先在粉旋子里刷上薄薄的一层食用油，把调好的水淀粉盛一勺进去，再把粉旋子送入水已滚沸的大铁锅，顺势一转，粉旋子就在沸水上旋舞起来，里头的水淀粉也缓缓荡漾开去了，既薄又均匀，色泽也会在高温下迅速地一点点变浅，眨眼工夫就熟得差不多了。

这时候探手入锅，捏紧粉旋子的窄沿，把它插入沸水烫一下，再迅疾拎出，回手插入灶台上事先备下的凉水盆里，过下水，再平放到水面上，让它冷却。之后在粉皮表面刷层薄油，轻轻从边缘揭起，平展展地铺到一个足够大的平盘或盖帘上，一张油亮亮的粉皮就出笼了。

这里说的只是单一的慢动作，具体操作时则是所有程序都在极连贯地穿插进行。实际上能干的家庭主妇通常会用两个粉旋子抢粉皮。当前一个粉旋子还在沸水上待熟之时，就已给另一个粉旋子刷上了油，盛妥了料；

粉旋子，现藏于盘锦市文物中心

当前一个入了冷水盆，这一个就要下锅；当这一个待熟之时，前一个则已揭起并放进了平盘。如此反复，片刻不停。

动作熟练的人，也不是用手去揭粉皮，而是用胳膊，粉旋子往胳膊上一扣，粉皮就落在了臂上，再一翻转，就已妥帖入盘了。抢粉皮确是一个熟练工种，做得好的看上去就像在做肢体表演，尚且生疏的人，则很容易把手指烫出水泡来。

我对这些的了解，得自于一位抢过粉皮的女性朋友。说到此处的时候，她曾下意识地翻转了自己的右手，看了看，仍深为讶异地说她们都烫出水泡来了，我没有，一个都没有。

她说的是 30 年前的旧事。当时她在一个陌生的城市打工，受雇于一家专门手工抢制粉皮的小型作坊，两头不见日头地干了几个月。她说那时候年轻，不觉得累，反而几个姑娘在一起颇觉热闹，往往是一边转着粉旋子一边唱歌，唱的差不多都是费翔的歌。

几个月的经历虽然短暂，却让她从此对粉皮以及粉旋子产生了有别于他人的感觉，或者说感情。她说至今她家的橱柜还藏有一只粉旋子，并且常备时下挺难淘弄的白矾，只为哪天想抢粉皮的时候能够即刻落实，尽管起这心意的次数很少，却也好像心里踏实了似的。

相对于常人，她也更爱吃粉皮。常见的凉拌黄瓜之外，她还常拿粉皮炒尖椒、炒肉丝，往往也会搭配着小鸡、排骨、刀鱼等来炖食。在她看来，每一种都是颇具颜值的美食。

我本身对粉皮以及粉旋子的记忆则都是寡淡的。

印象中我母亲并不曾抢过粉皮，我姥姥似乎也没有抢过。只记得在搬家到清水农场的时候，在几个同学的家里见过类似的操作，不过这几家都是"外来户"，好像是从黑龙江省过来的。也或许黑龙江人偏爱吃粉皮吧，至少我那位女性朋友就是黑龙江的。

能确定的是，如今极少有人自个儿抢粉皮了，绝大多数人家的厨房里也肯定没有粉旋子了。早在我们将"外屋地"改称为"厨房"的时候，粉旋子似乎就已紧跟着没了踪影，从那之后，人们花在厨房里的时间也远远不及在"外屋地"里的了。

这样的转变，使粉旋子成了"老物件"。

16　月饼模子

　　水陆码头的田庄台，早年间流动人口众多，还大多是不差钱的巨贾商贩，这个小镇的餐饮业就相当繁华，许多年中汇拢了天南地北的厨子伙夫，还携带着各自的烹技厨艺。许多年后，这个镇子的住户也是普遍地擅长烹饪菜肴、烘烤食品，尤其人人以此为乐又以此为荣。

　　我小时候，很多人家都习惯于自制节令食品，最大宗的是元宵、粽子和月饼。这三样，田庄台的老户很少买成品，而都自己做。这样的事实自然包含着生活不宽绰、自制更经济的因素，但这却并非紧要的，紧要的是几乎家家的主妇都更信赖自己的手艺，深信自己做的才更正宗更地道，所以她们普遍自制，不厌其烦，也不亦乐乎。

　　对自身手艺的这份深度自信，在其他区域是罕见的。

　　田庄台人这份自信的得来，无疑根植于这个古埠史上发达的餐饮业。

　　在这一年一度的三大件节令食品当中，我母亲的密友老李大娘最擅长做月饼。不过这只是亲朋邻里的客观评价，在老李大娘自己看来，她是样样都做得相当不赖的，甚至近乎完美。她又知道我母亲工作忙，没空闲，实际上应该也了解我母亲并做不来，于是每逢元宵节、端午节、中秋节，她都会早早地对我母亲反复叮嘱：千万别到外头买去！我这儿做得了就给你送去！

　　老李大娘对这三大件的制作，我都见识过，最令我着迷的也是做月饼。

　　老李大娘惯用"老面"发面，对此我当年不以为奇，如今始知那也是一项难得的手艺。这种手法迥别于现在的酵母发面，面发后必得使碱，这决定着馒头等成品的品相和口感，而使碱的分寸更是难以掌握，老李大娘则每每做得无波无澜，也没谁将那视为手艺。

　　发好的面团被老李大娘揪成了一个个小面剂子，擀成饼，包上了调好的各种馅芯，又复成圆圆的小面球。然后将面球缓缓地按进月饼模子，归

月饼模子，现藏于盘锦市文物中心

整归整，使两者严密贴合，随后左右轻磕面板，再翻转，"啪"的一声，一个饼胎就应声脱模了，饼面上已拓下饼模的图案。一个个饼胎全部脱模后，再逐个刷上一层蛋糊，放入烤箱，约略半个小时之后，油光黄亮的月饼就香喷喷地跳进了我的眼帘。

　　我顶喜欢的是把面团拓出花纹的那道程序，也自此对月饼模子产生了深刻印象。

　　老李大娘的月饼模子都是木制的，规格大小不一，大的有汤碗口那么大，小的比一元硬币大不了多少。形状也各有不同，有圆有方，还有椭圆，更有莲花、鲤鱼、寿桃等各种图案，个个精致耐看。形制不同的月饼模子，不仅丰富了月饼形状、大小和图案，也被老李大娘用来区别不同的馅芯。我最爱五仁馅的月饼，那是用刻有莲花的饼模做成的。

　　月饼做好了，老李大娘会用包装纸包上两包，让我拎家去。

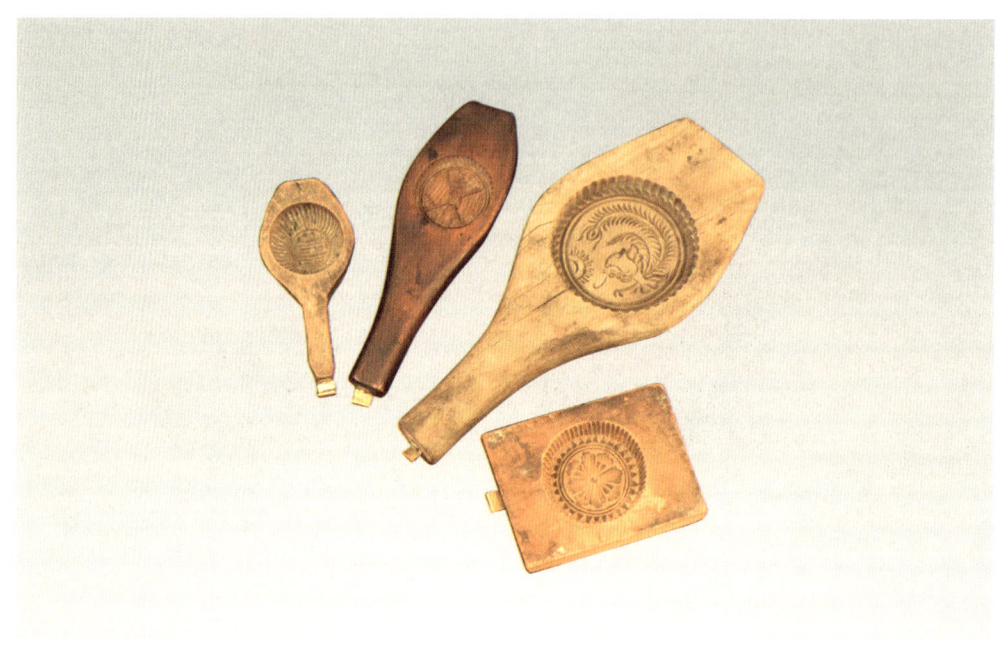

月饼模子，现藏于辽河民俗博物馆

　　送回家去之后，我通常还会再跑回来，看老李大娘给邻居们分配。其实邻居们只要是田庄台的老户，就基本家家都做月饼，但是人们仍然习惯于互相赠送，就像其他村屯的邻里但凡吃顿好的比如饺子，往往也都会给左邻右舍端过去一碗似的。当老李大娘打发她家我二姐给人送了去，往往也会再拎一包回来，还有别人家的孩子抢先一步给送来的时候。这样子到了八月节当天，尽管各家各户都自制了月饼，却也很难吃到自己做的那一块了。

　　这似乎已演绎为一场事关荣誉的手艺大赛。

　　老李大娘的月饼做得最地道的说法，就是在这种一年一度的大赛中得到公认的。

　　那时候的月饼模子，每年基本也就用这么一个时段。老李大娘说在早些年，她家的月饼模子则用得更频繁，因为她父母常年都做这个的，做在家里，再担到街上去卖，常年都有人好这口。

　　时至如今，田庄台的一些人家仍然执意于自制月饼，声称自己做的才更可口，也更可心意。然而对田庄台以外的民众来说，自制月饼已是一项过于繁琐的劳作，除了烘焙爱好者，几乎没谁再有这份心思了，而且很多人都已把木制的月饼模子换成了塑料的，脱模更方便。不过对田庄台的老字号糕点铺子比如"刘家果子""宝发祥""正兴合"来说，与时俱进的变化也仅限于此了，其他程序还仍然沿用着老法。

　　木制的月饼模子由此成了老物件，被各种怀旧的人所收藏，并展示。目前我所见过的规模最大的月饼模子的展示，是在我的好友张篙经营的辽河渡口餐厅，那样的排场是令人震撼的，每每都令来宾叹为观止。

下篇 · 渔来渔往

二舅又从那个淡水泡子里挑来一担水
加到了卤里，使那大铁锅就快要满溢了
    等我随舅舅们赶往滩头推虾的时候
        虎李子就开始填柴引火了

01   梭子和准子

地处辽河口的盘锦，既是退海之地，又属九河下梢，早年间潮沟交错，且水土斥卤，难长庄稼难长树，仅凭农耕完全不足以活人。却也因此颇富盐碱、鱼虾之利，以致在漫长的时光当中，形成了三足鼎立式的生产与生活形态，也就是"涝捕鱼虾旱晒盐，风调雨顺种庄田"。这使这个地区的农渔之分素来不大分明。

我小时候，盘锦的很多农家还都是锄镰与网具共存于窗下，静默无声地体现着那句传统的老话："水在门前走，谁不喝一口？"我的直系亲属们也还是常常织网的，濒海二界沟我母亲那头的亲戚织，内陆盘山我父亲

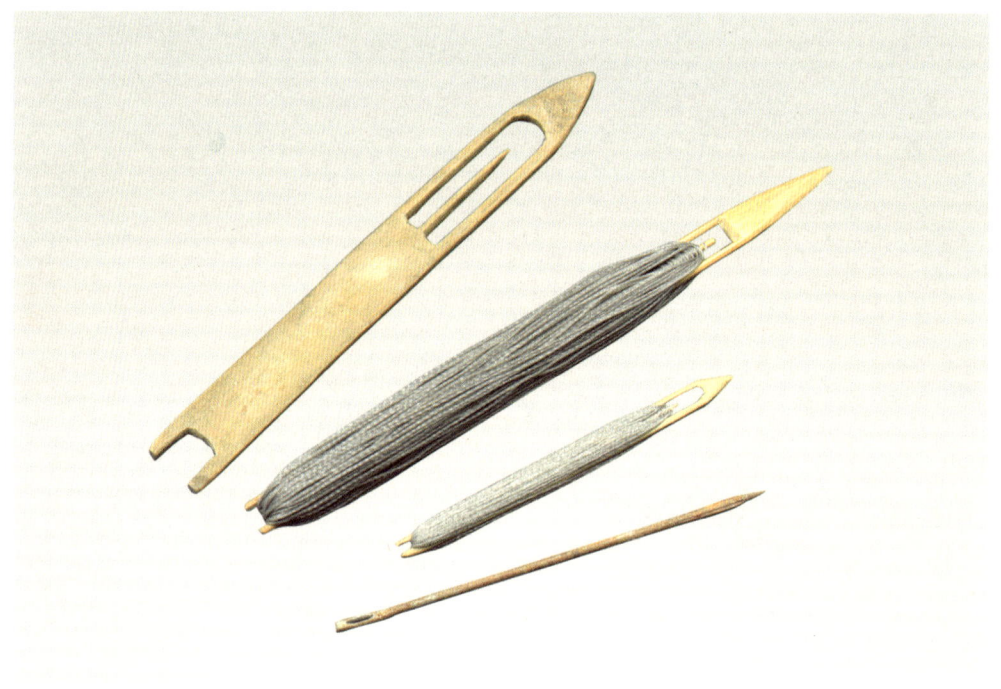

梭子，现藏于荣兴博物馆

准子，现藏于荣兴博物馆

这头的亲戚也织，差别仅在于规模与频率。

　　那时候每到冬天，我放了寒假，经常会被寄存到姥姥家里，一待就是一冬。当年围坐在姥姥家火盆周围的人，也大多是织着网的。织网对二界沟的女人来说，就像内陆的女人织毛线活儿那么寻常，而且有一些男人也会参与进来，且不会让人觉得稀奇。

　　我就是在那时候认识梭子的。

　　梭子是织网的头一件必要工具。早年基本是竹质的，自己做的。有大有小，大号梭长20—50厘米，主要用来封网和织补粗线网、人眼网；中号梭长10—20厘米，主要用来补网；小号梭长在10厘米以下，往往用来织小网眼的网。常用的梭子以中号为主，它兼顾了大小两种型号的功能，且长短合适，使用起来非常顺手。

线板子，现藏于荣兴博物馆

　　当时织网都用棉线，织好了再用猪血蒸，使它更结实，这个程序叫"血网"，延续了很长一个时期，直到尼龙线取代了棉线。织网之前，要先把棉线缠到线板子上，再从线板子绕到梭子上，这个步骤叫"上梭子"。我就总帮着大人们干这活儿，偎在火炕的一角。

　　炕上的主力，是分散着坐开来的我的三个舅妈、好几个表姐妹和表嫂，还有街坊邻居，她们一边穿梭拉线，一边闲聊打唠，织得热热闹闹，也唠得热热乎乎。她们所唠非常有趣，话题总是会集中在没到场的那个人的身上。比如今儿个张二嫂没来，大家就会合着伙儿地讲她的短长；明儿个我大表姐没来，那么好了，明儿个的是非就一准儿针对她了。

　　没多久我就摸清了这个规律，深觉好玩。

　　上梭子也是个熟练工种，一会儿就能上一个，却也很快就会被她们织完用尽。我的两只手就得紧忙叨，加上两只耳朵也不得闲，小小身子上的四个部件都被这么勤勉地使唤着，我也就很难有机会觉得腻歪。而且炕上还晃悠着我那刚会走路的小表妹，叫小玲，她时不时地还会弄出点儿乐子来，很提神。比如那天，炕梢的一块炕坯塌了，大舅就和泥更换，中途却被喊走了，一只公鸡就乘机从灶坑钻了进去，并从坍塌的炕洞子露出了脑袋。小玲见了，以为是老鼠，就用童音嚷嚷开了："哎呀，大耗！大耗！"惹得我和炕上的众人一律笑得前仰后合。

织网的第二件必要工具是准子。

准子也叫"尺板"，是织网的尺度和标准，一张网的网眼大小全靠它来掌握，有了准子，才有了规格一致的网目。虽然身为模范，准子的模样却挺平常，几乎就是一块木板或竹板，长方形，中间厚，两边薄，也是有

补网，拍摄于二界沟

大有小，也是自家做的。织网的时候，用梭子在准子和上层的网扣中来回穿梭系扣，纲举目张，网就越织越大了。

织网有速度之分，却难有质量之别。在我的印象里，似乎只有网扣系得或松或紧之说，因为在那些热热闹闹的闲话里，我偶尔也能听见大舅妈挤着空儿地教导我一个小表妹，说你这扣系得太松了，再紧点！

后来才知道，网扣如果系得过松的话，网眼就会串动，容易产生漏网之鱼。

我那个被教导的小表妹才七八岁的样子，却已经会织网了，还织得挺熟练。

当年渔家的女儿都是这样的。

现如今我的亲戚们还有一些从事捕捞的，却早已不再织网了，市场上有很多成品网可买。不过每去二界沟，也仍能看见织网的女人。她们大多聚拢在码头附近，头上裹着鲜艳的围巾，或蹲或坐在铺天盖地的绿色尼龙网之间，场面很好看。

不过确切地说，这些女人并非在织网，而只是在补网。几乎每条出海的渔船，都会带上六七十片渔网，也每每都有坏的，机械能织网，却还做不到补网，于是就得找人来补。干这活儿的都是二界沟的当地女性，按天计酬，收入不错，也由此构筑了这最后一道貌似织网的风景线。尽管她们手里的梭子和准子都已换成了塑料的，却也堪称风景了，且应该还会延续些时日。

02　网口袋

相对而言，网梢子是最好织的网，或者说是织得最快的网，因为它规格很小。织妥了，拿个竹劈子弯成圈，套上网梢子，就成了"网口袋"，也叫"网兜子"。

作为一种盛装渔货的物件，网口袋在早年的盘锦非常普遍，濒海临河的人家几乎家家都有，且不止一个，堪称渔民的必备品。那时候我舅舅们每次出去捕鱼，腰里都要别上一只网口袋，这是必须的仪式，就跟车老板子每次出车前，务必要在腰间挂上一只烟口袋那么紧要。

施捕过程中，随时取了鱼，随时装进网口袋，也随时放在水里，这样

网口袋，现藏于荣兴博物馆

鱼既不缺水，又不至于跑了。收网回家的时候，装了渔货的网口袋沉甸甸又湿淋淋的，无法再别到腰上，舅舅们就会把它用扁担撅着，扛到肩上，使之与身子保持一定的距离。这样的状态，倘若刚好赶上了夕阳西下，又恰有嫣红的余晖灿烂在海边天际，那场景简直就美得令人惊诧了。

我曾多次见过这样的场景，近距离的，或者遥遥的。遥遥的时候，舅舅们的身形就是黑色的剪影，剪影的边缘还被晚霞映衬出一道模糊的光圈。虽说我当年的脑袋瓜儿里还没有"诗意"这回事，倒也当真体会出了那样的意境。

在二界沟街里，网口袋也是随处可见的，海蜇槽子上就时常挂着。

那时候的海蜇还不是啥稀罕物，甚至还没有"洋灰"金贵呢，用来矾海蜇的槽子也就劳烦不起水泥，而都是木匠拿木头打制的，规格很大，高度有1.5米的样子，长达五六米，宽下也有2米左右。打妥了也都会像捻船似的把板缝腻妥堵严，捻后滴水不漏。然后把捕来的海蜇一层层铺进槽子里，并逐层撒上矾。矾好了，捞出来，装进网口袋，搭到槽子的边沿上控水，控出的水也就再度流回了槽子里。

在晾晒货场，妇女们分拣或精选海货的时候，也要用到网口袋。比如在筛选大规格的对虾之时，往往都是随身带着网口袋，随拣随装，拣完了或装满了，再分头存放。

网口袋的模样跟后面将要说到的"抄捞子"较为相像，不同之处在于抄捞子的柄很长，网口袋的柄很短，能随手拎着。

我也用过网口袋，常拎着它到二界沟的养贝场去讨蛤蜊。那时候的蛤蜊也还不是啥好东西，只要去了，养贝场的大爷就不带让我们空手而归的，至少能往你的网口袋里丢进五六个，而那时候的蛤蜊都是极大个儿的，往往两三个就有一斤重了。颠颠地拿回家，让姥姥挖出蛤肉炖白菜，我拿蛤蜊壳子玩，那壳子跟我们用过的装蛤蜊油的壳子长得一样。

当年二界沟所仰赖的辽东湾还是一处富足的渔场，称得上名副其实的"聚宝盆"，然而渔民的生活却称不上富足，其中原因之一，就是市场对

网口袋，拍摄于荣兴

海货的需求量还不够大。周边内陆的盘山人、北镇人等都还不大吃海货，二界沟人由此管他们叫"甸猫"，意思是不吃腥儿。再一个，那时候人口少啊，海田还正肥沃，当真吃不完。与此同时，有限的运力也阻碍了海鲜产品的及时贩运。总之，二界沟的海货销量有限，明显的供过于求。

现在看来，其实"甸猫"也并非不吃鱼虾，只是那时候不舍得买罢了，甚至得说是无须买，因为当年内陆的河流潮沟也都颇富鱼虾，人们也都习惯于自己捕鱼摸虾，至少他们的家里也是差不多都有网口袋的，施捕之时装鱼装虾，平常的日子也不闲着，会转而装些萝卜条、豆角干之类的，再挂到房檐上去。那时候庄稼院的日子是离不开干菜的。

实际上当年困顿的不只是渔民，农民也是如此。社会物资的贫瘠会让所有人的日子都显出贫乏来，就连日常的盛具都是贫乏的，以至于得啥用啥，从而使网口袋得到了空前绝后的广泛应用。有的人家哪怕懒得织网梢子，也会把废弃的渔网剪一块下来，弯个铁丝套上，也就做成了一只简易的网口袋。

网口袋在如今的盘锦，仍没有全面绝迹，有些人家仍然在用，尤其是有老人的人家。在老人们看来，网口袋远比时下流行的塑料袋、塑料桶更适合盛装东西，因为它四面透风，不捂不闷，不会使内装之物产生异味，腐烂的几率也非常小。

03　搬网

我对搬网的印象，最早形成于田庄台。

田庄台紧傍大辽河，河里有蚬子，也有鱼。大辽河也就是原来的辽河，明清时期曾有"黄金水道"之誉，一度船来船往交织如梭。不过当我长到十来岁的时候，河上行船已经不多了。临河的人家就得了往河里置网施捕的机会，下搬网的也挺多。

搬网属于定置渔具的一种，构造挺简单，通常就是在一张废弃的网片上，挑拣尚且完好的那部分剪一块下来，用竹劈子或其他东西把它抻开并定型，基本都是正方形，边长一米多。然后选一个合适的地方，在岸上固定好一个木架子，弄一根绳梯把方形网连到架子上去，使之可以因岸人的拖拽而自由地出入于河里。这就妥了。

所谓合适的地方，就是水流不太急的河段，否则容易把网给冲走了。选好了一处，往往就将搬网常年撂在那儿，有空儿的时候再去取鱼即可，省心省力。

当年我们一群小孩子总在河边耍，每见有人弄搬网了，都会凑过去，征求着帮人起网。通常不会被拒绝，往往还会被告诉"快点拽，要不鱼就飞了"。我们就乐得不得了，屁颠屁颠地往上拽网，特别是有鱼上来的时候，越拽越起劲，直弄得满脑袋都是汗。起搬网也是需要力气的，毕竟那网带着水哪。

搬网兜上来的多是愣巴头，偶尔也有鲙鱼、鲈鱼和对虾，梭鱼极少。梭鱼也有误打误撞游进来的时候，但是在起网之际十有八九真的都要"飞"走了，它的游速太快了，完全不容你兜起来。

二界沟也有弄搬网的，不过多是半大孩子们的玩具，大人们似乎不大稀罕用它捕鱼，或许嫌它太慢，也或许嫌它所捕过少。

被孩子们当作玩具的搬网，制作就更潦草了些，不会弄绳梯的，往往

搬网，拍摄于盘锦境内的辽河河道

就直接用一根绳子拴上网，再架根竹竿子上去，起个杠杆作用就行了。然后随手抓几个骚夹子，抠掉壳，再掰两瓣儿，扔网里作饵。起网更是难以及时的，往往下网后就到别处撒欢儿去了，想起来的时候才赶回去搬几下过过瘾。更多的时候是把网拽上来，搁那儿晒太阳。

　　前些日子，我老友马龙海提起这茬儿，得知他小时候也曾下过搬网，他是用8号铁丝绷的网衣子，也是用掰开的骚夹子作饵。想起这茬儿来，他还相当感慨，说我起网起得特别勤，一会儿一提喽，一提喽就有鱼。那年月荣兴的鱼是真多啊！多到啥程度呢？咱这么说吧，我后来都不吃鱼肉了，而专吃鱼肚，各种鱼的鱼肚我都吃过。其中鲈子的鱼肚是最好吃的，用鱼油给它装上，炖熟了，那味道才鲜哪，鲜到让人直想哭。

　　老友马龙海是荣兴人氏。荣兴东临大辽河，西濒辽东湾，这使他从小就得了玩水的机缘，也由此对鱼情颇为熟悉。他说辽河口是鲈鱼的产卵场，鲈鱼就特别密集。早些年每当五一过后，人们都习惯于去那儿捕鲈鱼。那时候的鲈鱼个头儿也大，条条都十来斤或者十多斤。就连天津的家眷船都有迢迢赶来的，一家三五口人都住在船上，把小孩子拴在桅杆上，大人就整鲈鱼，一整整很多⋯⋯

时下搬网在盘锦仍然未曾绝迹，尤其在大辽河沿岸，每每一走一过之际，往往还能撞见一只或两只搬网架子静默地矗在河边，形制跟过去的相差无几。这多是一些上了年纪的人安置的，不过与其说他们意在搬鱼，莫不如说是在试图搬回旧年的时光，至少是回味。

04　推网

推网是应用在海滩上的一种渔具，主攻对象是青虾，推网的作业也由此被俗称为"推虾"。十来岁的时候，我曾跟我的舅舅们推过虾，在老坨子。

老坨子在二界沟的西北方，地势较高。涨潮时二界沟四周全是水，只有老坨子还能露出水面。这说的是当年，时下则早已全是陆地了，已种了多少茬的稻子。"沧海桑田"对盘锦而言，真是不算事儿的。

早年的老坨子，上面有一个很大的淡水泡子，旁边还有一只很大的石件。这两样都令人倍感稀奇。二界沟史上没有淡水，人们全靠买水度日，借此养活了一代代淡水商；二界沟以及整个盘锦地区，也都不能自产石头，

推网，拍摄于濒海临河的荣兴

推网，拍摄于濒海临河的荣兴

这么大的石件实在罕见。当年我曾打量着它，问是啥，大舅也说不出来，就说是块石头。我觉得那也定非一块普通的石头，因为它是椭圆形的，中间还有一个又圆又光滑的石眼。后来，1982年第二次全国文物普查的时候，我作为文物普查队的一员又去了老坨子，以科学的眼光去探查，始才确定那是一件明代的石臼，并在其周边发现了很多明代的青花瓷器残片。也就是说，早在600多年前的明代，老坨子就已有人栖居了，至少是往来渔民年复一年的落脚之地。

　　我和舅舅们初次去的时候，老坨子上却只有虎李子一人，住在一栋囤顶式的土坯房里，房周错落着几株老榆树。舅舅们显然跟虎李子有些渊源了，给他带了些烧酒和猪头肉，略事寒暄，便开始组装推网。我们是从二界沟划着小划子过来的，带着推网的网衣子和网架子，到这儿现绷。这头儿绷妥了，那头儿虎李子也将枯树枝干苇草等陆续堆到了大灶旁。

大灶上坐着两口铁锅，一口大些，一口小些。小的当是虎李子的煮饭锅，大的积着半锅"虾犒"，也就是多次煮虾的卤。二舅从那个淡水泡子里又挑来一担水，加到了卤里，使那大铁锅就快要满溢了。等我随舅舅们赶往滩头推虾的时候，虎李子就开始填柴引火了。

后来才知道，这种看似随意的安排，其实都是掐着钟点赶着潮眼的。推虾讲究时机，普遍都推半截流儿，也就是半涨潮和半落潮的那一段时间。我们推的时候属半落潮。

舅舅们推虾的姿势十分帅气。我也坚持着尝试了，却完全推不动。按照二舅的说法，是我的分寸掌握得不够好，致使推网"压滩"了，滩泥由此进到了网里，当然推不动。大舅则说纵然不压滩，你也推不动，你才多大点儿的小人儿啊！

舅舅们推起的网里，网网都兜满了青虾，个顶个白净净的活蹦乱跳，还都是肥硕的大个儿的。推网的网眼有着严格的尺度，使它只能兜住大虾，没长成的小虾都会漏出去。那时候的渔民很讲究"渔道"，从不竭泽而渔的事。

当我们满载归来的时候，虎李子也刚好将那锅"虾犒"烧得滚沸。

当场将虾"炸"了，也就是焯水。舅舅们将这道工序称为"炸货"。

然后搬到屋外晾晒。这头晾着，那头他们哥三个就开始了喝酒聊天，天南海北地很尽兴。当时我并不了解虎李子其人，后来才知他是盘山人，光棍儿一个，似乎心眼儿不大全乎，便得了这么个绰号。不过在我二舅看来，他只是未将心思全用在这尘世间罢了。

等到眼瞅着要涨潮了，舅舅们才起身收拾装袋，又拆了推网，统统归置到小划子上，然后顺流儿划回了二界沟。我们来的时候是趁着落潮的流儿。一涨一落12个小时。我初次登上老坨子，就逗留了这么久。

回家后接着晾晒，好像一天也就干透了。随后装进布袋子，开始在长板凳上"摔虾"，把每只虾的虾皮都摔碎摔掉，这样的虾就成了海米，只

推网，拍摄于濒海临河的荣兴

只都特别饱满。我母亲不爱吃海米，偏爱吃虾壳子，我就装了半袋子没摔的虾，由大舅送我上了交通车，背回了田庄台。

在 1982 年我再去老坨子的时候，由于滩涂的持续增高，它的北边就已与陆地恒久地连为一体了。现在，这块坨子地则已远离大海有几公里之遥了。虽已成就为桑田，却依旧没有住家，虎李子栖身的那栋囤顶土坯房也已无存。

作为一种渔具，推网一度被二界沟渔民及沿海居民普遍使用，早年荣兴的有雁沟、平安河、双井子等村屯的居民也都常用。不过如今它的辉煌时期已经过去了，早在滩涂和青虾双双缩减之前就已经没落了。这根源于倒帘网的问世。

倒帘网也是一种比较专业的渔具，网口较小，网兜很大，几乎各种鱼

推网，拍摄于濒海临河的荣兴

虾都能捕捞，但最主要的还是青虾，因此也叫"青虾倒帘"。这种网具也应用于滩涂之上，却不用推，而是插那儿就妥，插在潮水刚刚上涨的时候。一条船带着四五十只倒帘网，一顺水地迎着潮头插开去，青虾随着潮水呼呼上涌，也就集体涌入了网兜。网口有倒须，能确保顺口进去的青虾再也找不到出路。这种网对青虾的捕捉很厉害，几乎没有漏网之虾。

　　倒帘网是推网的克星。

　　老友马龙海说，只要人家插上倒帘，你再推，推的就全是水了。

05 袖子网

我姥姥家在二界沟的最北边，房后不远就横亘着一条潮沟，我大舅、二舅把那儿当作了惯常的取鱼之所。袖子网是他们较常用的小型渔具之一，呈圆锥形，长近 1 米，被称为"袖口"的口径在 30 厘米左右。袖口是软的，不必撑开定形。

袖子网跟上文提到的倒帘网一样，也是定置网具的一种，应用时需插进滩里，俗称"插袖子"，也称"绷兜儿"。我常常跟着舅舅们插袖子，插在那条潮沟的沟沿，也就是最低潮位线那儿。也是并排插的，一个挨一个，一排大约有二三十个的样子。

插袖子有"浮袖"和"底袖"之分，究竟咋插，取决于你想拿哪种鱼。

如果想拿"浮鱼"，就得插"浮袖"，也叫"下浮兜儿"，就是在用竹竿把袖子网固定到滩上之后，还得在网上拴挂几只泡泡浮，泡泡浮浮上水面，网也就随之漂起来了，"浮鱼"若是过来，就一头钻进去了；如果想拿"底鱼"，就得插"底袖"，也叫"绷底兜儿"，就是用竹竿直接把袖子网插在滩里，滩里都是淤泥，且没有杂质，拥有特别卓越的黏着性，竹竿插进去了，立马就能被泥紧紧吸牢。

舅舅们当年惯插"底袖"，因为他们喜欢拿梭鱼，而梭鱼属于"底鱼"。

"底鱼"是相对"浮鱼"而言的一种属性的鱼，意指这种鱼偏爱游弋在水的底层，抢泥而行，也吃泥。盘锦这一带的海滩全是泥滩，淤积的都是辽河、大辽河、大凌河从上游带下来的泥沙，内含丰富的养料，一向被二界沟渔民俗称为"宝泥滩"。落潮后宝泥滩经过阳光的曝晒，就会于滩表形成一层"油泥"，油汪汪的薄薄一层，还呈现着黄灿灿的色泽，就像洒了满滩的豆油。梭鱼等"底鱼"就吃这个"油泥儿"。

涨潮的时候，梭鱼随流儿而来，贴滩而行，边走边吃，一啃一嘴泥，这使它们所过之处都会留下密集的啃痕，很轻很浅，却长短分明，长的是

袖子网，现藏于荣兴博物馆

大梭鱼啃的，短的是小梭鱼啃的。二界沟渔民管这种啃痕叫"插口"，也是他们判断此处滩域有无梭鱼的一个显见依凭。

　　袖子网的底沿也是紧挨着滩泥的，袖口迎着水流儿，使梭鱼吃着吃着就钻进了袖子。有的来时没钻进来，等退潮了，水流儿将袖兜翻了个个儿，梭鱼也随着潮水往回走，点儿背的，就到底还是误打误撞地闯进来了。大舅说，进来就退不出去了，因为它的鳍都是往前划的，不会往后划，它也就不会走回头路，咱也就逮着了。

　　后来，我的好友张兴华说，严格来说梭鱼并算不上"底鱼"，理由是它往往只在觅食的时候才抢泥而行，等吃饱了喝足了，也会浮上水面来撒欢儿。

　　兴华还说，梭鱼是本地鱼，长年栖居于辽东湾，从不往远走，之所以仍会在这儿形成梭鱼汛，实际上取决于潮汛。对抢泥而行的梭鱼来说，潮大、潮小都不太理想，潮大时水流儿太过湍急，潮小时水流儿又过于缓滞，它们就都不爱上来。只有满潮前几天，也就是农历十二至十四、二十七至二十九的"汛头儿"那几天，水流儿才是恰恰好好的，它们也就一窝蜂似的都来了，形成了乌泱乌泱的庞大阵容，俨然鱼汛，鲜明有别于它们平常的分散。二界沟人将此俗称为"梭鱼劲儿"，"劲儿"期插袖子，没个不丰收。

插袖子也是一个很耗时的拿鱼之法，得趁落潮的时候开插，插妥了，潮也涨得差不多了，不一会儿就能把网全面吞没了。然后就得等着落潮，落了潮才能起袖子。就这么一耗一整天。这也是如今人们不再频频插袖子的一个原因。

在当年，我却从来不曾觉得那段时间难熬。实际上每到这个时候，若手头还有事，舅舅们就会掉头先忙别的去，约摸时辰到了，再回来。若赶巧没事，就会闲闲地坐在岸边，哥两个唠点儿闲嗑，也捎带着给我讲些老事儿瞎话儿。我很享受这个时刻，即使现在回想起来，仍会不由自主地会心笑笑。当年与如今，人们的时间观念已产生了很大差异，包括打发时间的方式。

等到潮水开始渐退了，舅舅们就挽起裤脚子，下沟起袖子。

几乎每个袖子都已兜满了鱼，一个挤一个的密密麻麻。差不多全是梭鱼，最常见的二三斤、三四斤，也不乏十多斤的。舅舅们的实践一次次证明，袖子网确实是捕梭鱼的良品。

从网里起鱼，被舅舅们称为"拿鱼"。逐个袖子地拿鱼，边拿边塞进网口袋。网口袋撂在越来越浅的水里，保证鱼不会离水而继续活着。

拿完了，若估摸这段水域还会来鱼，就暂且不拔袖子，否则当时就拔走了，下次再另觅他方。舅舅们都挺会看鱼情的，每次插袖子之前都要细细观察。二舅的见解是有没有鱼不能看水，得看滩，滩泥硬实的地方通常都会上来梭鱼，太稀软的地方就不中，那样的地方梭鱼一抢滩，泥就散了，就冒烟了，鱼吃不着，它就不往这儿走了，拐旁边去了。硬实的地方鱼才能吃着泥，才能一直往前冲，也才能留下"插口"。插袖子就得插在这种地方。

不过，即使是当时不拔的袖子，也不能总在那儿插着，而是得隔三岔五地就拔下来重插一回，原因是河泥在随着河水源源不断地涌来、沉积，只需短短的三五天工夫就能淤上厚厚一层，长时间不拔的袖子有被滩泥掩埋的可能。

那些年整出来的鱼都是自家吃，从没卖过，没那意识。

每当我和舅舅们满载渔货回到家里，家里就热闹了，通常是大舅妈、二舅妈紧着拾掇鱼，姥姥紧着拾掇我。每次舅舅们把袖子插下之后，我都是光着脚丫子下到滩里帮着"舒袖"，也就是把袖兜逐个抖落开，不能让它打结拧劲。我人小腿短，在滩里每踩一脚都差不多要陷到大腿根了，这么跟头把式的，回来时必然已弄得跟泥猴似的了。姥姥便赶着给我洗，也赶着骂我的两个舅舅，说你俩怎么看着他的？我的舅舅们就挤眉弄眼地笑，紧着说下次不带他了，不带他了。

然而到了下次，他们依旧会偷偷知会我。尤其是我二舅，总会趁姥姥没留神的时候跟我比画，还光动嘴不出声地说：走哇，整鱼去！我也每次都能成功出逃。

现在，人们已经很少有机会插袖子了，原因在耗时之外，还因可供梭鱼抢泥而行的滩涂已越来越少了。

06   樯张网

早年，二界沟渔民使用的顶专业的网具，是樯张网、架子网之类。网具不同，所捕渔货就不同，施网地点也不同。过去都是用架子网的船先走，因为它的施网地点最远，约 2 个多小时的船程才能抵达；樯张网的施网地点较近，用这种网的渔船就出海较迟。

二界沟西边有一条天然的大潮沟，俗称"西大沟"，渔船出入辽东湾全靠此沟来沟通。涨潮时辽东湾的水流儿往沟里涌，落潮时沟里的水流儿往海里滚，因此古往今来，二界沟的渔船普遍都是落潮时出海，涨潮时返航，专意要就那个势，顺那个流儿，来回顺流儿才好行船。不过施网地点

樯张网，20 世纪 70 年代的二界沟海域，邵秀荣摄

若是太远，也得在涨潮的时候就逆着流儿走，这样才能赶在平潮期下网。"平潮期"就满潮后到落潮前的那个时间段，约略能持续半个小时的样子，此时水流儿相对稳当，好下网。

那时候二界沟的渔民多是近海施网，当天出海，当天返航。虽然也有追对虾追到秦皇岛，以至于几天后才能回来的时候，可那已叫"出远海"了。那时的"远"与"近"的概念，与眼下的颇为不同，眼下是远至韩国才算出远海了，渤海周边的地带都已不算"远"了。生活中被时光所改变了的事物，远比我们所能感知到的要多，也要更加地悄无声息。

拖着樯张网等网具的渔船，出海时间大约始自每年的3月8日，也就是所谓的"三八见货"，上下差不了几天。当时海上通常还有冰呢，尤其是西大沟与辽东湾的汇合处，那一带被二界沟渔民俗称为"沟口"及"沟

小鱼网，拍摄于二界沟

小鱼网施捕，拍摄于二界沟

门子"，聚冰更甚，返航时渔船往往就进不来了。

　　每遇这样的情形，甘心受阻的人会把船泊到沟口南边，在那儿卸货，再从陆上倒运回二界沟。不大甘心或急着回家的人，就会左右商量了几条船一起去撞冰，我撞一下，你撞一下，他再撞一下，期待着把冰给撞开。有的人撞击技术不得要领，或者高估了自家船体的承受力，一下子就把船给撞坏了，冰水汩汩渗入，吓得众人嗷嗷哭号。相对淡定的人，此时就会赶紧拿棉被棉袄等把窟窿尽可能塞上，再拿木板条给牢牢钉上，紧着将船驶回二界沟抢修。从沟口到码头，还有四五海里的航程，这么撑持半个小时也就到了。

　　这样的事故几乎年年都有发生，或者在开海之初，或者在封海之初。相对来说还是开海之初的事故更多些，因为"开海冰"较"封海冰"更加险恶，眼瞅着水面上的冰块并不大，撞过去才知更凶实的冰山尚埋伏在水面之下，撞上就没好。

趁落潮出海的船，趁涨潮往回返。中间可利用的施捕时间有 12 个小时。

二界沟的渔民及其家属，人人都知道潮汐，也个个都了解每种船的施网地点，以及往返用时，估摸着时辰差不多了，就都会陆续赶到码头去等候。那时候没有对讲机和电话啥的，都是这么掐点等着。等船陆续回来了，人们就陆续卸货，再把事先准备好的米面蔬菜淡水等补充物资逐样搬到船上去，因为有的船还会趁着落潮再度出海，并没有时间在陆上逗留。

在这些补给的消耗品里，猪肉曾是紧要的一大宗，当年人人都深知出海辛苦，也都可着劲儿地给那些汉子们买肉吃，把他们吃得个个溜圆。现在人们不再这么贪恋猪肉了，或许是肚肠里不缺荤腥了，也或许是不再以猪肉为金贵的好嚼货了。

如今的樯张网、架子网也都遭了淘汰，取代了它们的有主攻毛虾的毛张网（也叫杆网），主攻大头宝和虾爬子的宝鱼网（小名"小鱼网"），以及专捕海蜇的海蜇网，擅捕海螺、海飞蟹、赤甲红等贝类的爬拉网。辽东湾渔场一年有好多番鱼汛，二界沟渔民也就屡屡驾驶着拖带着渔网的渔船，遵循着鱼汛去施捕，去收获，周而复始，代代相承。

07 滚钩

滚钩是给我印象最深的一种渔具，没有之一。

生平第一次见到它，是在姥姥家的仓房里。

姥姥家仓房紧挨东山墙的那根檩子上，并排悬挂着三根竹竿，每一根竹竿都吊下来一排鱼钩，密密麻麻的黑压压一片，完全分不清个数。我瞬间就被这阵势惊呆了，一边仰头望着，一边跟大舅说这么多的钩啊，得多少人才能挂完饵呀？大舅笑了，说这钩不用挂饵，直接扔海里就成，鱼碰上了就跑不了。

我对滚钩的初步印象就这么形成了，知道这钩不像寻常的鱼钩那样以饵诱鱼，而是直截了当地碰鱼、钩鱼。这就像真刀真枪地上战场一样，令我小小的心脏一个劲地扑腾。

终于等到了大舅和二舅要去下滚钩的那一天。

见他们紧着拾掇院里的小划子，我就围前围后地紧粘着不肯松懈了。然而此次并未劳姥姥出面阻止，大舅和二舅先就不约而同地拒绝了带我，还特别果断，就连一向跟我没啥正经的二舅也紧绷了脸，说这回可不能带你喽，下滚钩可不是闹着玩的，你上后沟玩去！

这么一来，滚钩在我心里就更加神秘了。

那一天我的舅舅们收获颇丰，还都是大鱼，大鲈子、大鳎板、大梭子、大洋鱼等，条条都是十来斤的分量。还有一种鱼叫"铡刀霸"，头宽尾窄，尾柄不长，尾翼两相分开，分得干净利索，模样就像大舅铡洋积用的铡刀，天生自带一种剽悍霸气，竟也被滚钩钩了来。

后来我知道这种鱼学名"鲯鳅鱼"，在"铡刀霸"之外，还有"鬼头刀""阴凉鱼"等多种诡异称谓，素以凶猛又游速快而著称于水族。此后经年，我再未见过这种鱼。就在我对它的记忆差不多消散净尽的时候，却又意外撞见了它。

滚钩,现藏于荣兴博物馆

那是 2005 年仲夏的一天,在盘锦红海滩的老景区,我开着快艇,载着朋友,往海里急驰,猛然发现滩上噼里啪啦地蹦跳着一条大鱼。我就急拐回来,直奔那鱼。然而那鱼虽已沦落于滩,却依旧疾蹦狠跳,壮得跟头小老虎似的,我和两个朋友与其搏斗了一番,不得结果。最终,一个紧赶来的老船长抄起一把木桨,把那鱼抡晕了,才到底给捉住了。老船长抖落着前胸后背的汗,说你想徒手拿它?它是铡刀霸啊!

那条铡刀霸 1 米多长,跟大舅当年钩住的那条规格相仿。在重逢这种霸气鱼的欣喜之外,我对舅舅们使用滚钩的本领以及滚钩本身,更增了几分敬意。

海水对铁件的腐蚀是相当严重的。滚钩也是铁的,于是每应用过一次,舅舅们都要给滚钩除锈,用驴油,以确保它们的顶极锋利。有一回他们正逐个钩地细细磨着，我也凑上前去想帮忙，舅舅们却一反常态地如临大敌，伸手探臂地迅疾拦我。见我又惊又委屈，二舅才搬来一张小板凳，让我乖乖坐上去，还反复叮嘱别乱动。

随后，大舅说这个滚钩可是不能随便玩的，它凶着呢，只要一条鱼沾上了，那一群鱼也就报废了……被钩上的这条鱼它会乱蹦啊，它一乱蹦，那排钩也就乱蹦，蹦得越欢，就钩得越多，别的鱼也就哪个都别想跑了，所以滚钩也叫"绝户钩"。而且它不只对鱼凶，对人也凶，对一切会动的活物都是个威胁，沾上就没好。我们下钩子取钩子，那都加老小心了……

可能也正因此，舅舅们下滚钩从来不在附近，也不去房后的那条潮沟，而是每每都要将小划子划出二界沟的沟门子，下到正经的海域里去。我想那是尽可能地远离人迹。

滚钩是论"竿"的，下钩时要把挂钩的竹竿撤下来，下到海里的一排排滚钩只用纲绳牵引着，它是软的，也就相当灵活灵敏。这也增加了下滚钩的难度。一竿的滚钩，长约 1 米，撤下了竹竿，就得把纲绳盘上，一圈盘一圈，容不得半点儿疏忽，否则下钩的时候钩就容易蹦起来，把人钩上，再难摘开。大舅说，那就坏菜了。

滚钩在我的童年里，始终都是让我又敬又畏的一个存在。我想舅舅们把它们高高地悬挂在仓房的梁上，应该也是对其心存敬畏的一个体现。

凶悍至此的滚钩专攻大鱼，每年的五一之后就可以应用。时下的五一依然年年都来，不过滚钩则早已罕用了，大鱼少了是一个因素，会用及敢用滚钩的人少了，也是一个因素。

08　网礁

　　地处下辽河平原的盘锦，全境无山，也就连块拳头大的石头都没有。这样的缺憾在如今不算啥事，在商业与交通都不发达的过往，则势必要给人们的生活带来很大不便，而这也是我们不难想象的。其实直到现在，即使是那块压酸菜缸的石头，大多数盘锦住户也仍是金贵着的，每年用完都会洗涮干净收存起来，留着下一年再用。

　　在早年，渔业生产也要用到石头，用作网礁。

　　网礁是坠网的用具。渔网撒进水里，自然状况下是会浮着的，唯有拴上石头等物件加重，它才会沉下水去，沉到一个适宜的深度。我小时候，水泥还叫着"洋灰"，也还是不易淘弄的好东西，渔民没可能拿它做网礁。

滑石网礁，现藏于二界沟排船博物馆

推网网礁，现藏于二界沟排船博物馆

铅质、陶瓷质的网坠也还没有大面积地流行，二界沟的渔民就仍然沿用着石质网礁，就连得到这网礁的途径也仍延续着老法，也就是劳烦大石桥的石匠。

实际上，早年间盘锦南部地区，比如田庄台、荣兴、二界沟一带，所用石料很多都来自大石桥与盖县。

荣兴的稻作人家民俗文化村里，有一栋石头墙的老宅，它在清一色的土坯房里显得很是突兀。这房建于1980年前后。我据此猜测这房子的原住家应该经济条件很不错。一问，得知这户人家虽然没啥经济基础，却有着一个盖县的亲戚，而且这亲戚较有实力。若非如此，在盘锦，在当年，这样的住房是没可能建起来的。

我是1958年生人，我的"小时候"，约略是指1968年前后。那时候的石头在盘锦仍然稀缺，石质网礁都是二界沟的生产队集中到大石桥采购的，再迢迢地运回来。

运回来，就全都绑到网上去了。

那是用滑石做的，呈白色，长方形，中间鼓肚，表层刻有槽。往网上绑的时候，用两股绳，一经一纬相交叉，就跟那时候捆扎槽子糕的方法似的。其中的经绳是关键，那是总纲线，倘若断了，那一连串的网礁也就全都散了。不过纬绳没关系，那是辅助线，一个网礁的纬绳断了，只会脱落一个网礁，其他的不会受到影响。

我和一群与我年龄仿佛的孩子，当年就是这么偷网礁的，拿着削铅笔的小刀专割纬绳，从来不曾弄断过关键的经绳。也不会集中在同一张网上摘礁子，而是这张网摘一个，那张网摘两个，总会有意地错落开，为的是

海蜇网礁，现藏于二界沟排船博物馆

旋网网礁，现藏于二界沟排船博物馆

纵然大人们没能及时补上，也不至于耽误了生产。现在想来，那时候的我们也算是"盗亦有道"的，知道不能太祸害人了。

　　然而，生产队看护网具的那个老更官并不领情。

　　那个老更官总是在晾网场里来回走动，不是弄弄这个，就是抻抻那个，轻易不肯离去。我们猫在背人处盯着他，盯得屡屡气馁。令人庆幸的是，他总要吃喝拉撒的，等他到底回家吃饭去了，或者上茅房去了，得了机会的我们就一拥而上。

　　老更官却每每都能及时发现，也每每都会气极喝骂。

　　老更官是河北人，满嘴"老坦儿"味儿，"谁家的孩子干的事"总会被他骂成"谁家的歇子干的事"，我们远远地听了，都觉有趣，过后还会学一学。还有一句，发音大致是"你个掐卡的"，我至今也没能确定那到底是啥意思。

其实我们也并非成心祸害人，而是确实急需。

那时候跳格需要画线，跳远需要画线，拔河也需要画线，平时只能拣点老师的粉笔头儿，在那粗碴碴的地面画不上两道就没了。而那能完美取代粉笔的滑石网礁子则满眼都是，还更经用，让我们不拿实在太难，那状况就跟让几个小馋猫守着一堆鱼又不让吃一样，太不现实。

事后，我会把网礁子砸碎，碎成几块，揣兜里带回田庄台，分给几个要好的小伙伴。看着他们如获至宝，我觉得那顿骂也算挨得值了。

网在水中，有沉有浮。礁子负责沉，浮子负责浮。早年的浮子有木头球，有陶泥坛子，也有空心的玻璃球，现在则多用泡沫的了。早年的滑石网礁也渐渐换成了缸胎的，那是陶瓷的一种，没有滑石的沉实，但滑石毕竟是矿产，慢慢也变得金贵了。缸胎的网礁中间有孔，拴在网上更方便，也更结实，不过想来不结实也没人去偷摘了，没用处。

09　苇簿

盘锦还流行过一种自制的简易渔具，叫做"簿"。那是一种帘形的渔具，用柳条、槐树条或者苇子绑扎而成，四周再绑上窄木条做框。以簿捕鱼，叫"下簿"。

我小时候玩过这个。

那是住在清水农场的时候。我家房后都是交错的沟渠，有自然潮沟，也有人工挖的上下水线。秋天来了，水就"瘦"了，也就是水量少了、水位浅了，我们几个"五七大军"人家的孩子就开始下簿。得在沟渠里有点儿落差的地方下簿，如果没有天然的落差，也得人为地弄出一个来，也就是用铁锹堆出一道土堤，这叫"叠坝"，也叫"堵埝儿"，目的在于憋水，使埝埂上面的水位增高，从而降低埝埂下面的水位。然后把簿埋伏到埝埂之下。

鱼虾顺流而来，从埝埂上跌落，就直接掉进了簿里，只管拿抄捞子去捞就妥了。

我对捞鱼没多大兴趣，我的兴趣全在看鱼"飞"。

顺流而来的鱼品种很多，最多的是鲫鱼，其次是鲇鱼和泥鳅，偶尔也能过来几条河刀鱼。最了不起的则是梭鱼，梭鱼当真会飞，而且在飞起的瞬间就会甩泥，或许是为了减轻自重的缘故，鱼肠里的泥都会在瞬间就甩出来，甩完了，它也刚好落进了簿里。当地老农把这样的梭鱼称为"净肠梭"。有时见簿里飞进了净肠梭，就神秘秘地紧着告诉我们：快拿家去让你爸妈赶紧炖上，不用开膛，也不用挤肠，只管这么炖上就妥，那才好吃哪！

当我也特别神秘地将这话转告我母亲的时候，母亲就笑了，我也就明白了，原来她早知道。不过母亲还是会把净肠梭一一破肚，再把肠子逐条捋捋，清洗一下才入锅。都是酱炖，放些姜、蒜、干红椒，还有白酒和白醋，我吃了，满嘴生香。直到现在，我每次炖鱼也都是酱炖，也同样必放那几样佐料。

这是小孩子玩的簿。

还有一种大人用的簿，多用芦苇勒制而成，叫"苇簿"。

所用都是高秆的芦苇，俗称"大苇"，又直溜又粗壮的那种。一根根顺序排开去，用丝线边排边勒，勒上4—6道筋，就成了一种可以卷起来的帘子，就像卷寿司的帘子似的。宽度由大苇的高度决定，长度随意，通常取决于预备下簿的河道的宽度。

如果说孩子们的小簿是埋伏鱼，那么苇簿就是堵截鱼，还伴着引诱。

先用冰镩子在河面上破冰，凿出一条横贯河面的冰沟，在冰沟里插上苇簿，并在中部插出一个圆形的"旋儿"。然后在苇簿一侧较远处的冰面上错落地凿些冰眼，之后几个人或十几人同时把劳动耙探进冰眼里搅水。

以苇簿取鱼，拍摄于盘山县绕阳湾风景区

预备插苇簿，拍摄于盘山县绕阳湾风景区

这么一搅，这处河水里的氧气就相对充沛了，散游在别处的鱼便竞相扑奔过来。接下来再在前面凿冰眼，再搅水，如此反复，直到把鱼群一步步引诱至苇簿附近。然后再在鱼群的后面迅速插下另一道苇簿，以切断鱼的退路，使之被圈在两道苇簿之间。由于先头插下的"旋儿"是露天的，也就相对更富氧气，被圈起来的鱼就逐渐地往那儿聚集，也就可以拿起抄捞子在"旋儿"里捞鱼了。

这种渔法叫"赶簿"。

赶簿至少需要4件基础工具：苇簿、冰镩子、劳动耙、抄捞子。其中冰镩子、抄捞子后面也会单独讲到，不得不舍了的只有"劳动耙"。劳动耙是一种简易的木制工具，类似于掏灰耙或者酱耙子。在继承了辽河口地区传统渔技的渔者口里，它也往往被称为"怼耙"。

以苇簿施捕，显然较为辛苦。

或许也正因此，时下会"赶簿"的人为数有限，我只在盘山县的绕阳湾风景区见识过。绕阳湾就是绕阳河的下游河段，其附近有个张家村，据说此村的第一户人家姓张，且家族中人多擅施捕，并留下一句"张家张家，打鱼摸虾"的老嗑儿，同时也将一份浓厚的渔事情结代代传续下来，使第四代传人张亚如在此复活了早年的一应渔事活动。包括苇簿的勒制。

勒制苇簿的活计，俗称"打簿"。勒制之时需要家里的扁担帮忙，要将第一根大苇勒在扁担上，再第二根、第三根地顺次排下去，等全部勒妥了，再把扁担撤下去。我觉得第一个想到请扁担来搭把手的人，脑筋活络得令人敬佩。

勒制苇簿的所用之绳必须足够细，粗的话会使苇与苇之间留有空隙，小鱼就跑掉了。具体勒几道筋，得看大苇的高度，基本是每40厘米勒一道。一道筋需要2根绳。操作时人们会在每根绳上都缀一块石块或砖头，利用其自身重量来把苇子勒紧。至少需要两个人一起勒制，每人负责2道或3道筋。一张苇簿打下来，通常得四五天的工夫。

打簿始于深秋苇子成熟之后。打这么一张苇簿，如果经管仔细，比如夏天卷好放进仓房，别淋着晒着，往往能用上两三年。等苇簿打好了，河里的冰往往也就结实了，正当用。

10　冰镩子

早年间盘锦人多喝泡子水，也就是大坑里积存的雨水或河水。

之所以如此，在于盘锦是"退海之地"。退海之地带给民生最大的不便，就是地下水都含着超高的盐碱，使人们极少能成功地打出一口淡水井来。加之早年的打井技术有限，又所费高昂，居于这片土地上的人便普遍都喝泡子水。

积存了雨水或河水的大坑，叫"水泡子"。水泡子都是露天的，夏天的时候鸡鸭啥的也常常去喝，冬天就结冰了。这个季节想喝水，就得动用冰镩子了。

我家住在清水农场十一营的时候，房后就有一个大水泡子。入冬以后结了冰，冰上就见了一把冰镩子，昼夜撂在那儿。每天早晨，都会有老农到那儿凿冰取水，他取完了，"青年点"食堂的人就也来了。随后是我们"五七大军"的家属，总共5家。

我家负责取水的主要是我父亲，父亲出差的时候，若有"青年点"的"知青"赶上了，也会帮着挑两担水。这时候我母亲只客气致谢，通常不会拒绝。拒绝不起。当年我母亲正深受肺结核之苦，而她的长子也就是我还不曾长高。不过更主要的原因，我想是我母亲自觉有欠这份人情的基础，那时候我家有台缝纫机，"知青"常来劳烦她，她的帮忙也每每都是既欣然又及时。

我也到那儿取过水，并非被迫，而是觉得挺有意思。

那个大水泡子只凿了一个冰窟窿，圆形，直径有四五十厘米的样子，刚够顺进一只水桶。早晨人们陆续取完水，过了一夜，甚至只过了一上午，冰窟窿就又会结上一层冰。这使我在傍晚放学后才去挑水的时候，还得用冰镩子再把冰层凿开。

冰镩子很粗壮，粗粗的木头柄，粗粗的铁凿子，我拎着有点儿吃力，好处是它的自重本身就能对冰层产生一定的冲击，不劳我付出太多力气。

冰镩子，现藏于盘锦市文物中心

小半天时间冻上的冰层也没有多厚，往往凿几下也就开了。我没法顺下水桶去，就每次都带个水舀子，从冰窟窿里一下下舀水出来，再倒进水桶。两只水桶各装半桶，多了挑不动。然后把扁担两头的两根绳子，都在扁担上各缠一道，使它们缩短，这样担到我肩上的时候，水桶底才能脱离地面。

母亲不让我去挑水，怕脚打滑有危险，我却从未打过滑。

我这人虽说毛病挺多的，却也有一个显见的长处，那就是从小就喜欢劳动，也从来不曾把劳动当成苦事。即使是现在，我也仍然是个闲不住的人，实在没活儿，我就侍弄菜园子。

冰镩子对早年的盘锦人而言，是家家户户都不可或缺的一件生活用具。在"凿冰取水"之外，人们也要用它"凿冰取鱼"，一凿就是整个冬天。冬天的鱼也基本都是净肠鱼，不用开膛，只把鳃和苦胆一摘就可直接炖上，其中鲫鱼特别肥，家家都爱吃。

　　紧靠大辽河的田庄台人，则还要用冰镩子"凿冰取冰"，取了冰，一块块一层层地摞到窖里，能一直用到来年十月。这项活计叫"窖冰"。

　　窖冰的场面非常壮观，我小时候见过多次，满河筒子都是人。人们先在河面上画格，画成一个又一个方格，就像我们当年画的"跳格"似的。然后各自操起冰镩子，凿这些格子的四缘，一块块方方正正的冰就慢慢凿下来了，漂浮在河水上，再用冰钎子把它们逐块弄出来。

　　我们一群小孩子也常常跑过去凑热闹，而凿开来的冰块都是活动着的，有时候跑着跑着就滑到河里去了，大人们就紧着把撑船用的挽子顺下水去，让孩子抓住了，就拽上来了，有惊无险。其实我们是奔碎冰去的，为了吃。吃过了碎冰，也就相信了老人们的话。田庄台的老人习惯于把大辽河叫"辽

冰镩子，笔者在凿冰取鱼，至少是试图

河"，也总说"辽河水是甜的，就跟雨水一样甜"。我们确实在那碎冰里嚼出了甜丝丝的味道。

一些临河而居的人家，此时也都会去河面上拣些碎冰，装进麻袋扛回家，倒进水缸，等它们慢慢融化成水，好拿来洗衣煮饭。那些窖起来的大冰块，则是准备夏天保鲜用的。当年二界沟的海货大部分都流往田庄台，再在田庄台分销开去，冰块的作用就相当于冰库了。

大辽河上的窖冰场面时下仍然可见，不过取冰工具已全部机械化了，很少再劳烦冰镩子。冰镩子还偶尔存在于盘锦内陆的农家，利用率不高，因为人们已不再喝泡子水，也很少冬捕了。

11　抄捞子

抄捞子在渔事作业中的作用，有点儿类似网口袋，地位也差不多。

两者都不及樯张网、架子网等大型渔具有尊严，也不及搬网、袖子网等小型渔具有价值，毕竟它们并非捕捞的关键。然而到了盛装渔获的时候，则又会发现少它们不行，少了它们虽不致事情没法达成，却总会感觉不够顺手，进而不够尽兴。

网口袋的作用是装鱼，抄捞子的作用是取鱼。

两者的用武之时，都是在其他渔具均已发挥过作用之后。

抄捞子，现藏于荣兴博物馆

这或许也是它俩貌似不大紧要的因素之一。

"绞络子"是抄捞子的别称，绕阳湾的渔者偶尔也会这么称呼，却和我一样不知道是咋来的。我觉得这个称呼没有"抄捞子"贴切。"抄捞子"这叫法很随和，似乎含蕴着随手抄起来就用的意思，实际上人们也确实是这么用的。因了这点，在很多传统渔具都已退休绝迹的当下，抄捞子也仍然存在于很多人家的庭院里，不是倚在犄角旮旯儿，就是横卧在墙根底下，落寞地，懒洋洋地。纵然很少有机会再拿它去捞鱼了，却也有很多时候仍要借力于它，比如摘个高枝上的海棠果啥的，它够长，还有网兜，很适合。

我小时候的抄捞子是很多的，海河陆三地的人家普遍都有，也普遍都用。

二界沟渔民在出海时都会随船带着抄捞子，途中遇了海上的漂浮物，就拿抄捞子捞起来，这也是渔民的一个历史性的习惯了，他们似乎尤其见不得海里有杂物，所以但凡能捞起来的东西就都会捞起来。起网时如果碰上了好货，比如几只个头儿特殊大的海飞蟹、一条肥硕的大梭鱼或者偏口鱼啥的，也随手会扔进抄捞子里，返航后卸了货，再把抄捞子往肩上一搭，就优哉游哉地扛家去了，媳妇紧着炖了，全家美美地吃一顿。

临河田庄台的人家也都有抄捞子，搬网之时常会用到，搬上来的大鱼小鱼欢蹦乱跳在大网里，不好

抄捞子，拍摄于盘山县绕阳湾风景区

伸手去抓取，就拿抄捞子去捞取，在延长了手臂的同时，更避免了鱼在手掌里的打滑以及脱落。即使是坐在河边钓鱼的人也是常备抄捞子的，因为幸运地钓到大鱼的时候都得用它帮忙，否则鱼竿和鱼线都承受不了，脱了水的大鱼很沉实。

对我们小孩子来说，抄捞子则是最好的捕蝶网，那时候的蝴蝶非常多，还有更多的蜻蜓，街里乡下都有，用抄捞子一捕一个准儿。有时候也会拿抄捞子去扣青蛙，青蛙受惊一蹦，就正好顶进了网兜里，非常好用。

早年间盘锦内陆地区的河沟子、海汊子也是极多的，而且沟沟汊汊都有鱼。大约五月份的时候，鲫鱼就会涌到岸边甩籽，人站在岸上，用抄捞子一够就能把它捞上来，连下水的麻烦都省了。其他的时节也有很多这样的机会，尤其当鱼迎着水流儿往前冲的时候，它们往往会被水流儿顶到水面上来，使岸上的人可以很清晰地看见它们的游，也能很容易地用抄捞子把它们拿住。不过拿住了，在打量打量之后，往往还会把它们再度扔回水里，因为它们那力争上游的模样实在太努力了，让人不忍终止。当年在我被寄存到盘山县的大妈家里，以及我家搬到清水农场的时候，我都没少这么干过，我想我是被鱼的努力给深深地感动了。

渔民用的都是正经的抄捞子，那是专门织的网兜，然后把两根竹劈子弯成弧形，把网兜兜口的边缘夹在中间，再用铁钉固定，很牢固，也很标致。内陆的农家则不想这么麻烦，也不求怎么讲究，往往是剪块旧网衣子缝个网兜就凑合了，竹劈子也是单片的，用绳子把网兜口沿绑到上面就妥了。

其实抄捞子的工作原理颇为类似厨房里的漏勺，以及我们俗称为笊篱的那种厨具，不同的是我们用笊篱捞饺子，渔者用抄捞子捞鱼虾。据说在手头儿没有抄捞子的情况下，也曾有人拿那种大头的笊篱捞过鱼虾呢。

12　片钩

我总觉得片钩是一种富有诗意的渔具。

或者说，以片钩施捕是一种富有诗意的渔法。

这样的感觉或许仅仅缘于它可以一个人操作。有些作业一旦是一个人完成的，往往就有了孤独的意境，而孤独刚好就是酝酿诗意的重要原料。

作为一种渔具，片钩是十分独特的，似乎只有地处辽河口的盘锦地区才有，很多盘锦人表示从未在外地见到过，而很多外地人也说自家从没过那玩意。即使在盘锦，片钩也并非寻常的渔具，以至于濒海的二界沟没有，临河的田庄台也没有。我对它的认识仅存在于盘山县的内陆地区，且只被为数不多的人所掌握。

片钩也是一种自制的渔具。

其主体是一根很长的竹劈子，长约六七米，却很窄，看上去颤悠悠的，拿到手里也果真是颤悠悠的。在竹劈子的一端缀上 1 枚铁钩，名曰"头钩"；再顺次排下去 6 枚，名曰"边钩"。再在竹劈子的另一端绑上一根长木条做柄。这长木条已被人为地弄出了一个近似于"7"的弧度，作用是借此挥动竹劈子，类似于以鞭竿挥动鞭绳，因为竹劈子很软，本身无力行动。这使片钩成了一种集竹、铁、木三种物质于一体的复合型渔具。

片钩的用法相对简单。只需先用冰镩子在河面上凿出一个冰眼，再把片钩顺进去，一下又一下地在河水里来回掏就成了，就像拿掏灰耙从灶坑里扒灰似的。当片钩在水中频繁往来的时候，那 7 枚铁钩就有机会把鱼钩上来，一钩就是好几条。

然而，这只是貌似的简单。

从用法上看，片钩取鱼的性质还相当原始，不过是遵循了一个"碰"字，讲究的只是个概率。却也恰恰因此，它成了一种技术性很强的施捕之法。

首先需要渔者对冰情有所认识，能够仅仅通过对河冰性状的肉眼观察，

片钩，拍摄于盘山县绕阳湾风景区

就判断出水中之鱼的有无及稠密。想成为一个出色的片钩捕者，必得掌握"识冰"的技能，这就跟伯乐相马似的。河冰的颜色、河冰下气泡的多寡及其形状等，都是判断此处鱼情的必要参照，鱼多鱼少，鱼大鱼小，也都能据此推断出个大概来。在哪儿凿冰眼，在哪儿用片钩，实在都是基于丰富经验的审慎选择，而非率性所为。否则，徒劳无获。

我曾特别留意过绕阳湾的片钩捕者，发现他们看河的眼神颇为与众不同，就像受过素描训练的人看一个人的面孔也不同于常人一样，他们总能发现我们看不到的东西。如果说那苍茫的河冰在我们眼里只是风景，在渔者的眼中则形同于战场。

识冰对渔者而言是一项必备的技能，唯如此才能做到有的放矢，箭无虚发。渔者张亚镇说鱼是相当有记性的，只要经历过一次失败的钩捕，它们就再也不会到这儿来了，所以你得慎重对待这些鱼，更得慎重下钩子。

在具体应用上，片钩也是一种容易让人误会的渔具，看似操作简单，实际技术含量颇高。前几年我曾屡屡尝试过，发现想顺畅地拎起它来已经很是不易，想把它探进冰眼并在水中挥动自如就更难了。片钩的手感十分灵敏，哪怕只是碰到个草棍儿呢，都能传导过来很明显的感觉。也因此对渔者的反应速度要求很高，倘若钩上大鱼，就得迅疾把片钩抽出，既果断又利落，略有迟疑，鱼就会脱钩溜掉了。想以片钩大斩所获，实非易事。

所取之鱼的品质，似乎总与所用渔具的难易程度相关。难以操作的片钩，钩捕的也就总以大型鱼居多，最常见的是黑鱼。

作为一种惰性很强的鱼，在用其他渔法比如赶簿的时候，黑鱼从来不会顺着你的意思跟着水流儿走，而是会常常溜边儿，一扎扎一堆，所以想捕黑鱼就得在河边打冰眼，用片钩来钩捕，别的渔法是难以拿到它的。还有鲇鱼，鲇鱼属于"底鱼"，也就是爱在河里沉底儿的鱼，这不同于草鱼等"浮鱼"和鲫鱼等"中性鱼"，也需要用针对性更强的片钩来钩捕。

片钩与赶簿都是冬季捕鱼的主要传统方式，不过片钩所需要的技巧和经验都远远超出了赶簿。而且赶簿是众人合力而为的一项渔事活动，片钩则只需一个人即可达成，即使众人一起去钩捕，也是一人一个战场。那种在霜雪覆盖的苍茫河冰之上，孤独地挥舞片钩的场景，近年来我在绕阳湾看过无数次，每每见了，都深觉那就是一种富有诗意的渔法。

13　钯锔子

钯锔子是木器上的一种铁件，长得就跟钉书钉似的，常被用来加固两块木板的接缝。虽说它跟"渔"没有一点儿关系，却也在那个物质贫乏的年代成了孩子们的一件渔具，而且这也是孩子们包括当年的我，搜肠刮肚地自主研发的一大成果。

以钯锔子为渔具，主要是看中了它的沉实，落水即没。

二界沟依傍的西大沟，是辽东湾冲刷出来的一条潮沟，沟里的水对潮汐的感应非常敏锐，水流儿总是挺急的，想要在那儿钓鱼，没有沉实的坠物是不行的，否则鱼钩会顺流儿跑了。钯锔子就起了一个压重的作用，能使鱼钩垂直地坠在水里。

钯锔子的两个爪也很关键，能拴钩挂饵。

那时候二界沟的生产队经常拆旧船，我们小孩子也常到船厂里去捡拾废弃的钯锔子。捡来了，在它的横梁中间拴上一根绳，用作拎绳。再拴上另一根绳，分别向两边缠绕，每缠一圈都系个死扣，免得滑脱，一直缠到它的爪端。最后在余下的绳头上拴系鱼钩，一边能拴三五个，再逐个挂上鱼饵。这自制的渔具就完成了。

弄妥了鱼钩，再赶往码头。

码头正有渔船泊着，一排排的，那说明辽东湾正在涨潮，西大沟的水也由此渐渐丰满，钓鱼正好。我们跑过跳板，攀上随便哪条船上去。在那个年代，渔民的孩子到码头玩是稀松平常的事，家里并不管，也没人会担心，而且也确实没谁出过事故。

船刚卸完货，甲板上残留了好多青虾，随手抓一把，做钓饵。

然后顺下钯锔子。静等五六分钟，拎上来，就钩钩都有鱼，有鲈渣子、海鲇鱼，更多的是愣巴头。它们一嘟噜一嘟噜地吊在钩子上，像姥姥菜园子里的豆角子似的。

钯锅子，现藏于二界沟排船博物馆

愣巴头这种鱼愣乎乎的，似乎不大聪明，嘴还很馋，以至于见食儿就逮，也不管有钩没钩，有的甚至能把整个钩都吞进肚里去。这种情况下摘钩就比较困难了，往往都把它的肚子给弄坏了。现在回想那场面觉得挺血腥，当年却并没在意，海边的孩子个个都习惯了。

那时候的愣巴头不仅多，还又大又肥，条条都有一尺多长。逐条摘下来，带了网口袋的装进网口袋，没带的就折根柳树枝，把愣巴头穿成串，从腮送进去，从嘴穿出来。然后各自拎了，拿回家。我往往是拿去大姨家，因为和我搭伴钓鱼的通常是我大姨家的表弟，还有他的几个同学。我这个表弟和我同年，差的只是生日，他的性格挺柔弱的，以致时常受人欺负。身为"哥哥"的我自觉有责任为他出头，便每去二界沟都要与那几个欺负他的同学打上一仗，打过几次之后，他们也都成了我的渔友。

　　大姨对我们的所获见惯不怪，也不以为意，爱炖就趁鲜炖了，要不就剁巴剁巴喂鸭子。有时也会拿盐粒子腌上，腌完仍穿成串，放到外头晾成鱼干，冬天就摞到火盆或炉盖子上烤着吃。这也是我们小孩子很有嚼头的一种零食，越嚼越香，非常筋道，大人也因此懒得嚼它。

　　我那个表弟长大之后，也像他的父兄一样，顺理成章地随船出了海，却只出了一回，那一回的出海暴露了他晕船的毛病，此后他就一直在陆地上工作了。最初他在生产队开车，改革开放后经营了一段时间的饭店，后期就迁居到大洼街里了，日子过得不赖。

14　抬筐

　　早年二界沟的渔民都用抬筐装渔货，抬筐随船出海，也随船返航。

　　这样的场景在我儿时的脑海里常常显现。

　　要出海的时候，一列列的人，从各自的生产队陆续出来，几乎人人都扛着几只大抬筐。抬筐是柳树条或槐树条编成的很大的圆筐，直径约有500厘米。筐口没梁，只拴着一根粗麻绳，这使它们能一只只地摞起来，一摞摞挺高。上船的时候它们也是这么摞着的，再用一条大扁担担了，扛在每个人的肩上。二界沟的扁担不同于内陆人家挑水用的扁担，要更长一些，有的人甚至直接将两根木板或竹板绑到一起就当扁担了。

　　他们就这么扛着抬筐，稀拉哈哒地走向码头，又连唱带吆喝地上了船。其实那抬筐只只都很沉，且由于日复一日地常年装鱼盛虾，筐的缝隙也都被这些东西糊死了，时间越长，它就越沉。不过他们也同样日复一日地扛着，可能也就不觉得了。

　　上船后，抬筐横放在甲板上两侧，仍是摞着的，打横摞着。

　　一条船得带三五十只抬筐，具体多少得看船体大小，船越大，所备抬筐就越多。那是用来装渔货的，自然是能带多少就带多少，船船都尽可能地多带。

　　返航的时候，抬筐仍然放在甲板两侧，不过这时都已是竖着放的了，每一只都装满了海货，一个叠一个，一层压一层，交错着，尽可能地不压着渔货。

　　码头上簇满了人，大多是生产队的人，等着为大斩所获的返航渔船卸货。也有出海人的家属，等着家父或兄弟的归来。所有人都一个个大张了眼睛，看着一条条渔船由远及近，又渐次拢岸。这时候的泊船，也就成了各船船长卖弄技艺的一个大好时机。

　　船得泊到门头桩子那儿。

抬筐，现藏于荣兴博物馆

　　门头桩子就是用来拴船的木桩，凿在沟里，也是泊船的标志，就像我们如今的停车位似的。门头桩子有两根，船头一根，船尾一根，渐行渐近的船得徐徐靠拢过去，然后抛下两根绳索，分别系到前、后桩子上，系上了，船就泊稳实了。技术精良的船长，会使船帮颇为果断却又极其轻柔地靠上门头桩子，即使桩子上有颗鸡蛋都不带磕碎的。据说早年曾有人这么尝试过，或说这么比试过。手艺尚欠熟练的船长，则会在泊过来的时候把门头桩子撞得一晃一晃的。也就是说，泊船会使各位船长的技艺高下立现。

　　无论如何，船都渐次地停靠了过来。

　　这时候岸上的人也已把跳板一块块捅过，开始往各自生产队的船上搭跳板，以连接岸与船。具体搭几块跳板，得视当时的潮水状况而定，潮大水位高，船能泊得近些，就无须搭出多远，潮小水位低的时候就得搭上好

篮子，拍摄于二界沟

几块了。

　　跳板搭好了，就开始卸货，也就是把大抬筐从船上抬到岸上来。这是必须得靠抬的，无论多壮实的汉子，都没法自个儿挪动那装满渔货的大抬筐，那是足有 200 多斤重的。跳板是必由之路。跳板往往只有 30 多厘米的宽度，水位低的时候要搭出三四米远，而且往岸上来是上坡。扛抬筐的两个人一前一后，前头的人就得半弯着身子。随着脚步的起落，跳板还会颤悠，这又要求两个人的步履不仅要一致，还得迎合跳板颤悠的节奏，他们就嗨吆嗨吆地喊着号子，以求步伐的协调。一律小碎步，碎而疾。

　　出船的人也都跟着紧忙叨抬货。

　　我大舅家的大表哥毛永贤，很年轻的时候就当了船长，船长本不必抬货，他却每每不落，总跟着抬，大步流星地非常麻溜，还连吵吵带喊地给人鼓着干劲。他带领的那条船也就总能一鼓作气地最先把满船货卸完。那个场合不喊是不行的，海风大，人声杂，不喊听不见，所以老话里也素有"打山骂海"之说。

上了岸，给抬筐逐个过秤，称好了，再抬往货场。

去往货场的路上，抬筐人的步子明显大了，却依然疾。货场通常在室外，搭个临时的棚子挡雨遮阳。抬筐抬进来了，哗的一声将渔货倾倒在货板上，随手把筐扔到一边，就算完活儿了。随后会另有人将其徐徐地摞到一起，拢在墙根。

抬筐里装的都是杂货，网上来啥就装啥。卸到货场之后，再行挑拣分类，分别装进篮子里。篮子比抬筐小上许多，一抬筐的货大致能分装出五六篮子来。篮子是平底的，这也是它与内陆农家的土篮子的不同之处，土篮子都是圆底的。

分拣完了，有的趁鲜发售，有的准备制干。制干的这种就要炸货。炸货是二界沟人的土语，意思就是给海货焯水，就像我们下厨时给西兰花过水似的，不求熟。然后再晾晒。干燥上一两个钟头之后，再进行篦货，也就是翻晒。晒妥了，再筛货。挺烦琐的一个过程。

我那位身先士卒的大表哥，很快升任为四队的队长，继而担任了二界沟的副镇长，后来以人大主席的身份退了休，一辈子过得自律，也颇富尊严。

15 捻觜子

我小时候，二界沟的人口还不是很多，生产能力也很有限，只有 4 个生产队和 1 个捕捞公司。船却不少，还绝大多数都是木头船，自己排的。二界沟人素来都管造船叫"排船"，叫了多少年，时下仍然这么叫着。他们还管捻船叫"念船"，雷打不动。

捻船就是给船体腻缝儿。船体都是木板拼的，就到处都有缝儿，海里来海里去的，想叫那船滴水不漏，就得把板缝儿一道道地塞实堵严，使之密不透风。这样不仅防止了渗漏，也同时防腐了。如果船体渗水，渗水处的螺丝等铁件就会先行腐烂，然后连带着船板一起烂掉，船只就会渐渐地失去动力。捻船则避免了这一点，至少大大推迟了腐烂的速度。

这项作业通常发生在年后，约略从正月十五开始。不过有时候年来得早，过了年眼瞅着就要开海了，那么年前也得动工。工期往往得一个多月。

这是说的大规模的捻船，相当于给所有船只做个养护，一年一度。零敲碎打的捻船则全年都有发生，只要发现哪条船的哪条缝隙有了渗漏现象，都得及时捻上。新排的船也得捻，随排随捻。

大规模的捻船是生产队在冬季的一项重要作业，参与者甚众。

我大舅和我大姨夫当年都是船长，按二界沟的话说"都是使船的"，他俩的家里也就各自备着一套捻船的家什儿，统装在一个名叫"捻箱"的木箱子里。冬季里吃过早饭，他俩就会背上捻箱，赶往生产队去捻船。我和大舅家的表弟，常常跟着大舅同去。

那时候的冬天很像冬天，濒海的二界沟就更把冬天表现到了极致，大雪壳子一踩咔咔直响，大西北风一吹忽忽乱颤，啥都颤，沟汊边沿的干枯芦苇、仅有的几棵榆树的枯枝、一些人家弄得不够结实的苫房草之类，都在随风而颤，包括我和我表弟。

唯有大舅是不颤的。

捻凿子，现藏于二界沟排船博物馆

大舅裹着一身青色家织布的大棉袄大棉裤。大棉裤的裤裆还挺老大，前开门的地方紧紧掭着，再拿一根麻绳系在腰间。只遮挡了半截裤裆的大棉袄，前襟也是紧紧掭着的，再拿另一根麻绳系在腰间。狗皮帽子在头上扣着，两只手在胸前揣着，虽非农民，却也揣出了标致的"农民揣"。我确定大舅是不冷的，因为到了生产队，他就会摘下帽子跟老同事打打招呼，顺便捋捋自己的头发，他这么一捋，头发里就钻出了缕缕的热气。

老多的船，在坞上排开去，一排又一排，我和表弟大张了眼睛，还翘了脚，也仍然不能望到头。大多数船都被木头桩子垫了起来，使船底脱离了地面。大舅有时候会钻到船底下去捻船，仰着脖地凿啊凿。大姨夫有时候也会。看着挺吃力，他们却似乎不以为意，至少从未曾因此断了打唠。

捻船的材料有三项：一是桐油；二是麻刀，也就是麻秧子；三是捻灰，

捻船，拍摄于二界沟远航造船厂

也称"船腻子"，是桐油与石灰的搅拌物。捻船时先把麻刀塞进板缝儿，再刷上桐油，然后把捻灰凿进去，之后再刷遍桐油。工具有多种，核心是捻凿子，铁质头，木质柄，有的有刃，有的没刃，没刃的叫"平头凿子"，也叫"钝凿"。钝凿让我感到很稀奇，曾摆弄着它左瞧右瞧，寻思这刀没刃可咋干活呢？大舅说没刃才对，有刃就把麻刀给斩断了。大舅对我的好奇并不以为意，他专注于捻船和唠嗑。

　　捻船的人大多都是有点儿年纪的使船人，他们都爱唠嗑，而且内容只有两项，或者古事，或者家常。前者如程咬金的斧子、穆桂英的挂帅，以及白玉堂到底有多俊、宋江究竟有多狠；后者如他家早年是咋来的、如何拖家带口地蹭到了山海关，又如何一步步挪到这疙瘩来，过程中哪个没了、哪个丢了，过后哪个又找着了或者没找着的。

当下发生的事情，则从来不在他们的话题当中。

我不曾见过大舅在捻船过程中用过墨斗，他的捻箱里却始终装着一个墨斗。当我听够了他们的闲聊，就会和表弟玩墨斗。找块板子，我站这头儿，表弟站那头儿，从墨盒里抻出线来，再一弹，木板上就拓上了一道黑线，又直溜又清晰。

半个世纪后的今天，二界沟的冬天依旧有大规模的捻船活动，捻箱子、捻凿子、捻灰和麻刀，以及捻船的方式，都与过去保持着高度的相像，有的甚至得说并无丝毫变化，比如捻箱和捻凿子。流逝的时光似乎并没给二界沟带来啥变化。

然而还是存在着不同。最显见的一点，是捻船人不再是"使船的"了，而成了一个专业的工种，名曰"捻匠"。捻匠的穿戴尽管与早年的"使船的"一样潦草，却又与那些人存着很大的差异，其中令我感触最深的一点，就是他们打唠的内容变了，所论的话题尽属时事，多是国内的，更多是国际的，家事、旧事和身边事，反倒鲜有人提及了。

从这点来看，时光的流逝总会带来些变化的，易见或不易见罢了。

16　船锚

　　渤海辽东湾是中国纬度最高的海域，水体又较浅，水域也相对封闭，以致每年都会结冰，二界沟渔民将此称为"封海"。封海之后，一年的渔业生产也就结束了，这叫"罢海"。封海或说罢海的日期，通常在11月下旬到12月上旬之间，具体哪天得老天爷说了算，总归是温度到摄氏零度的时候就要彻底收网了，要不然渔网就会冻在海里，一扯就碎了。

　　所有渔船都要赶在封海之前上坞。

　　如今的船只上坞依赖于坞道，还有吊车，想吊到哪儿就吊到哪儿，我小时候则全凭涨潮，得借助于潮水的力量。那时候辽东湾一年有两个"鬼潮"，5月上旬一个，11月下旬一个，这两天的海潮都莫名的大，而且都涨在半夜，到天蒙蒙亮的时候就满潮了，再过一会儿就要把马路都灌了。过去的船只上坞，尤其是封海前的集中上坞，都要赶11月下旬这个"鬼潮"的潮眼，潮大水满，人就能借着水势把船往滩上多拽一点儿，也能让船垫得更高一点儿，这样船底下才会更干爽，捻船时也才更方便。

　　船上坞了，渔民也就闲下来了，大多会趁机走走亲戚串串门儿，打打麻将喝喝酒，也会到街里置办些网具啥的。计划排船的人家也要在这个时候就开始张罗了，多是以小换大或以旧换新。不过也得抽空常到坞上去转转，留意点儿船上的东西，尤其是船锚。那玩意儿是船只的必备器具，绝对缺不得，如若有个闪失可就糟心了。

　　无论大船小船，都有锚，就连小划子都有。尽管船下水去是为了行走，锚的存在却是为了停船。由此我也常常觉得锚是一件颇具哲学意蕴的物件。

　　锚的前身，在古书上称为"碇"，多是一块大石头。后来有了铁，才有了正经的锚。正经的锚有爪，能抓地，锚与船之间以绳或铁链相连，锚爪抓了地，船也就稳定了，不会再随波逐流。随波逐流的船就跟失去了重力的飞机似的，相当危险。

　　我小时候，满眼都是船，也满眼都是锚。

　　二界沟如此，田庄台如此，就连内陆也是如此。

　　在我家刚搬到盘山的时候，租房住，在双台子河的大坝边上。河道上有很多往来的船只，多是打鱼船，收了网，就回来交易。岸上并没有码头，只有跳板，有时候回来的船多，跳板不够用，着急的渔民就会把船随意地拢过岸来，再把锚随意地扔到滩上，滩上有泥，锚爪一钩，船就停下了。渔民跳进水里，把装着或多或少渔货的大抬筐扛送到岸上来。岸上早已有人候着，两下迅速地交易，随即起锚走船。

　　当年我随舅舅们到老坨子推虾的时候，所划的小划子也是带着锚的，只是规格相对小些。锚都是与船相对应的，多大的船就用多大的锚，二界沟的大型渔船还有带三四个锚的。在海里下锚较为不易，既要海底相对粗

船锚，现藏于二界沟排船博物馆

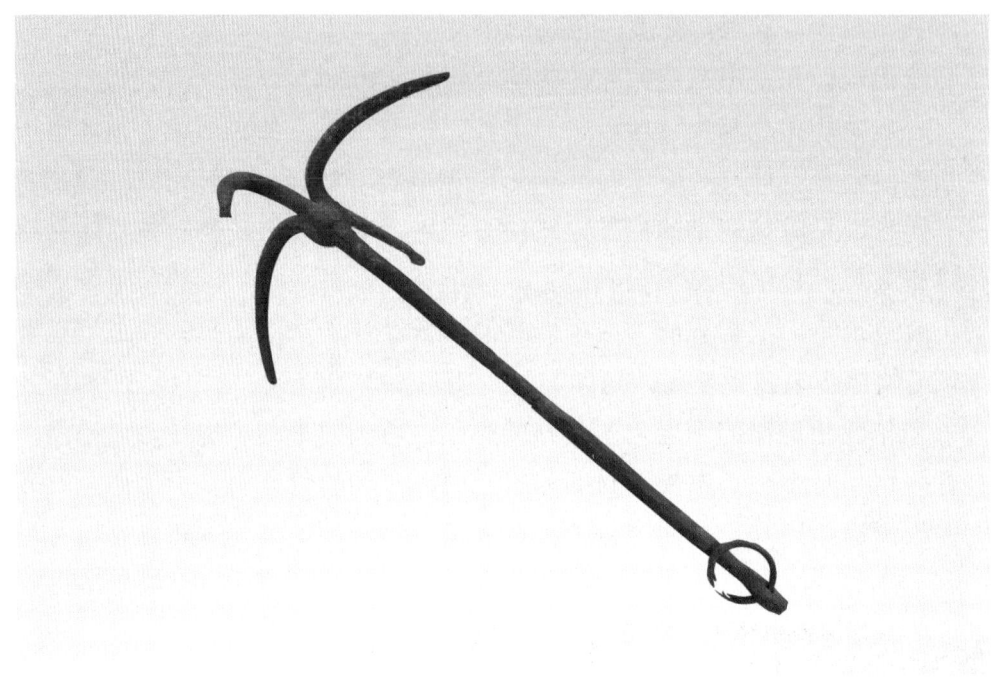

船锚，现藏于二界沟排船博物馆

糙，又要避些风浪，否则锚爪抓地不牢，就会"走锚"了。

锚有"四齿锚""巴掌锚"之分，巴掌锚是四齿锚的改良版，抓力较四齿锚更好些。

早年都是以粗麻绳将锚拴到船上，船上有专门的锚环。船行水里之时，锚撂在船头的甲板上，船拢了岸，再抛到滩上。

田庄台的货船更多些，人们拢船的技术也更高超，集中回来的时候都得抢着拢岸，就跟时下人们抢停车位似的。码头不够用，田庄台人也就习惯了直接将船抢到滩上，再把锚抛过去。当一排排的船都陆续泊过来的时候，滩上也就抛下了一排排的锚。刚出水的锚都是黑色的，过一会儿被风吹干了，才会呈现出斑驳的锈迹。

当年我都是躲着锚走，因为它们在我儿时的眼里过于庞大了，有的甚至比我还高，加上四下张扬的爪，在我看来就挺吓人了，即使正在跟一群孩子疯跑呢，碰了锚也得仔细躲开去，生怕被它们刮着碰着。不过也并不拿它们当稀罕物，毕竟到处都有又天天得见。

　　曾经有人要我教他游泳，我没教他如何游走，而是先行指导他如何在齐肩的水里站起来，站稳当。我觉得如果学会了这个，那么游起来也就不成问题了。

　　我想船锚的哲学意蕴或许也在于此。